교회
사랑
설명서

Love Your Church
by Tony Merida

First published by The Good Book Company
with the title of *Love Your Church: 8 Great Things About Being a Church Member*
www.thegoodbook.com
Copyright ⓒ 2021 Tony Merida
All rights reserved.

Korean Edition published by Word of Life Press, Seoul 2023
Translated and published by permission.
Printed in Korea.

교회 사랑 선명서

ⓒ 생명의말씀사 2023

2023년 7월 25일 1판 1쇄 발행
2024년 5월 16일 3쇄 발행

펴낸이 | 김창영
펴낸곳 | 생명의말씀사

등록 | 1962. 1. 10. No.300-1962-1
주소 | 서울시 종로구 경희궁1길 6 (03176)
전화 | 02)738-6555(본사) · 02)3159-7979(영업)
팩스 | 02)739-3824(본사) · 080-022-8585(영업)

기획편집 | 유영란, 유하은
디자인 | 최종혜, 한예은
인쇄 | 영진문원
제본 | 다온바인텍

ISBN 978-89-04-16840-8 (03230)

저작권자의 허락없이 이 책의 일부 또는 전체를
무단 복제, 전재, 발췌하면 저작권법에 의해 처벌을 받습니다.

교회
사랑
설명서

토니 메리다 지음
구지원 옮김

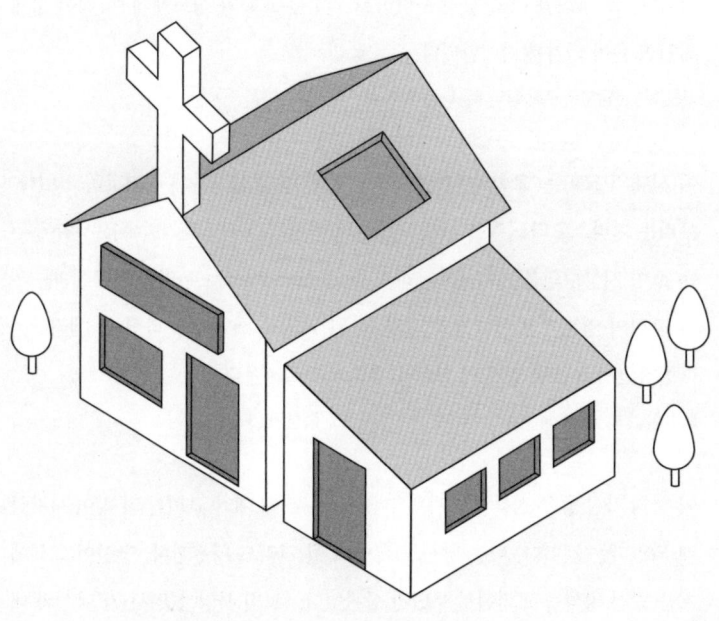

건강한 교회는 사랑의 끈으로 하나 된 교회입니다. 그런 교회에서는 절망이 희망으로 뒤바뀌고, 영혼이 소생됩니다.

그렇다면, 우리는 건강한 교회를 만들기 위해 무엇을 할 수 있을까요?『교회 사랑 설명서』는 바로 그 방법을 이야기합니다. 하나님의 가족이 되어 함께 모이고 환대하는 것, 사랑으로 섬기고 존경하며 복음을 전하는 것, 나아가 교회를 세우고 일꾼을 파송하는 것까지 모두 우리의 역할입니다.

세속화되고 개인화된 오늘날, 교회가 시대에 뒤쳐져 보일지도 모르겠습니다. 하지만 하나님은 우리를 교회로 부르셨습니다. 하나님은 교회를 통해서 일하십니다. 그 교회를 더욱 깊이 사랑하길 원하는 교회와 성도에게 이 책이 실제적인 도움이 되기를 기대합니다.

이찬수 _ 분당우리교회 담임 목사

이 시대의 교회는 '교회의 일원이 되는 것'에 대해 심각하게 재검토하고 있다. 우리는 그리스도의 목적을 위해 희생하며 헌신하기보다 자기만족을 우위에 두는 소비 지상주의를 키워 왔다. 하지만 그리스도께서는 우리를 부르실 때, 우리 자신의 영혼뿐만 아니라 주님의 몸 된 교회도 책임지게 하셨다. 메리다는 다정하면서도 용기 있게 이 사실을 우리에게 일깨운다.

브라이언 채플 _ 미국 장로회 부총회장,『그리스도 중심의 설교』의 저자

이 책의 가장 좋은 점을 말하자면, 책을 읽은 뒤에 내가 교회를 더 많이 사랑하게 되었다는 것이다. 나는 당신도 그렇게 될 거라고 확신한다. 당신이 교회에 처음 왔건 평생을 교회에서 보냈건 상관없다.『교회 사랑 설명서』가 당신과 내

가 그리스도 안에서 형제자매로서 경험하도록 하나님께서 계획하신 바가 얼마나 놀라운지 느끼게 도와줄 것이다.
데이비드 플랫 _ 워싱턴 D.C. 맥린바이블교회 담임 목사, 『래디컬』의 저자

나는 목사가 되기 훨씬 전부터 교회의 일원이 되었다는 사실만으로 가슴이 벅차오르곤 했다. 『교회 사랑 설명서』를 읽다 보면 그 이유가 떠오른다. 그래서 나는 이 책을 강력히 추천한다. 우리 교회의 모든 성도가 이 책을 읽고, 새기고, 소화하고, 배운 교훈을 삶으로 살아 내기를 소망한다.
알리스테어 벡 _ 오하이오 샤그린 폴스 파크사이드교회 담임 목사,
『이런 세상에서 어떻게 믿음을 지킬까』, 『여름날 말씀 묵상』 저자

교회의 일원이 되는 일이 얼마나 중요한지 알기 원하는 모든 그리스도인, 그리고 일원으로서 교회에 전적으로 참여하고 헌신하는 데에서 오는 특별한 복이 무엇인지 알기 원하는 모든 그리스도인에게 이 책은 훌륭한 자원이다. 당신이 과거에 교회에서 받은 상처로, 혹은 다른 이유로 교회에 헌신하기 어렵다면, 이 책을 읽어 보길 간절히 바란다.
더그 로건 JR. _ 그림케신학대학원 총장

예수님은 자기 목숨을 버리시기까지 교회(예수님의 신부)를 사랑하신다. 그런 교회를 우리는 당연시할 때가 많다. 그리고 (누군가에게 등 떠밀려서 교회의 회전문을 통과할 정도로) 미지근하거나 게으를 때가 많다. 그러나 하나님의 백성에 속한다는 것은 엄청난 특권이자 책임이다. 토니 메리다는 성경을 근거로, 왜 그리고 어

떻게 교회를 사랑해야 하는지 보여 준다. 그의 메시지는 분명하고 긴급하다. 왜냐하면 교회를 사랑하는 일은 영원히 가치 있기 때문이다.

알 스튜어트 _ FIEC 호주 전국 디렉터

서구 교회 대부분이 위기에 처했다. 이는 많은 사람이 교회의 참된 본질에 대해 잘못 이해했기 때문이다. 우리는 그리스도의 몸 된 교회에 관한 신약 성경의 비전을 다시 붙잡아야 한다. 마침 토니 메리다의 시의적절한 책을 추천하게 되어 무척 기쁘다. 그는 우리에게 분명히 말한다. 그리스도 및 그분의 교회와 다시 사랑에 빠지라고 말이다.

윈필드 베빈스 _ 애즈버리신학대학 교회 개척 디렉터

목회자의 심정으로, 토니 메리다가 가르침과 영감을 주는 실무 매뉴얼을 한 권 건넨다. 그는 별난 괴짜들이 모인 우리 교회가 다름 아닌 한 가족이라는 사실을 우리에게 상기시킨다. 이 단순한 진리가 당신이 마음을 회개어 사랑하게 하고, 어디든지 예배당에 모인 성도들에게 용기를 북돋을 것이다.

월터 R. 스트릭랜드 II _ 사우스이스턴침례신학교 조직신학 및 상황화 신학 조교수

교회 구성원을 위해 쓴 책을 발견하기란 쉽지 않다. 게다가 굉장히 실제적이면서도 신학적으로 깊이 있는 책은 더더욱 그렇다. 토니 메리다는 『교회 사랑 설명서』에서 당신에게 어느 이상적인 교회를 사랑하라고 하지 않는다. 바로 '당신의' 교회를 사랑하도록 돕는다.

앰버 보언 _ 캐나다 온타리오 해밀턴 리디머대학 철학 조교수

예수님은 완벽하시다. 그분은 결코 우리를 실망시키지 않으신다. 하지만 교회는 완벽하지 못한 사람들로 가득하기에 우리를 실망시킨다. 그런데 왜 그들에게 신경을 써야 할까? 그 이유는, 하나님께서 그분을 사랑하고 서로를 사랑하는 사람들의 공동체를 세우고 계시기 때문이다. 토니 메리다가 말하는 '교회의 일원이 되면 좋은 점 여덟 가지'는 그 자신의 교회와 문화를 뛰어넘는다. 당신의 교회가 토니 메리다의 교회와 비슷하건 다르건 간에, 교회는 무엇을 위한 것인지, 왜 우리가 교회의 일원이 되어야 하는지 당신도 발견하게 될 것이다. 더 나아가 교회의 일원(하나님의 가족)이 되는 일이 왜 기쁜지도 깨닫게 될 것이다.

리즈 콕스 _ 영국 더비 세인트자일스교회 여성과 공동체를 위한 사역자

요즘 교회를 보면 마음이 복잡하다. 사람들은 교회에 모이는 게 의미가 있는지 의문을 품고 냉소주의와 개인주의로 치닫는다. 『교회 사랑 설명서』에서 토니 메리다는 마치 큰형처럼 세상에 교회가 필요한 이유를 설명한다. 그가 제시하는 '나의 교회를 사랑해야 하는 여덟 가지 이유'는 지금 유행하는 세상 문화와 자신에게 파묻힌 시선을 들어 하나님의 아름다우심과 놀라우심을 보게 한다. 또 하나님께서 어떤 목적과 돌봄, 사명과 기쁨을 가지고 자기 백성을 함께 모이도록 디자인하셨는지 깨닫게 한다. 이 책은 생명을 주는 책이다.

젠 오쉬맨 _ *Enough About Me* 저자

나는 모든 그리스도인이 자신의 교회를 사랑하길 기도한다. 이 책이 우리를 그렇게 만들어 줄 것이다! 목회적 관점에서 글을 쓴 토니 메리다는, 우리가 사랑

안에서 성장하도록 매우 실제적으로 도와준다. 모두가 이런 외침에 귀를 기울이는 법을 배운다면, 세상은 변화될 수 있다고 믿는다.

제니 프라이스 _ 캘리포니아 리버사이드 그로브커뮤니티교회 여성 사역 디렉터

이 책은 본래의 의도대로 제 역할을 잘 해내고 있다. 평범한 그리스도인이 예수님과 그분의 교회를 사랑하도록 돕고 이를 위해 어떻게 해야 하는지를 알게 하는 역할 말이다. 이 책은 굉장히 즐겁게 읽을 수 있다. 뿐만 아니라 깊은 성경 진리를 담아냄과 동시에 그 진리를 매력적으로 잘 드러내는, 진귀한 조화를 이루었다.

시몬 오스틴 _ 영국 엑서터 세인트레너드교회 목사

『교회 사랑 설명서』는 성경적이고 매력적이다. 무엇보다 매우 시의적절하다. 교회의 일반적인 관행들은 대부분 코로나19 팬데믹의 영향을 받았다. 우리는 이 시기를 지나며, 신약 성경의 가르침에 따라 교회 생활을 재정비해야 함을 느꼈다. 이해하기 쉬운 이 책은, 우리의 우선순위를 점검·평가할 때 놀랍도록 유익한 도구가 된다. 당신에게 진심으로 추천한다.

앵거스 매클리 _ 영국 켄트 세븐오크스 세인트니콜라스교회 교구 목사

교회를 이야기할 때, 추상적인 개념으로 거창하게 말하기는 쉽다. 또 '교회'에 대해서는 높은 이상을 품으면서 실제로 자신이 다니는 교회는 하찮게 여길 수도 있다. 이 책은 우리 자신의 교회를 사랑함으로써 '교회'를 사랑하라는 한 목사의 외침이다. 토니 메리다는 짧고 강렬한 여덟 챕터를 통해, 하나님께서 각

양각색의 지역 교회 구성원 안에 마련해 놓으신 모든 것을 누리도록 우리를 격려한다.
로리 샤이너 _ 호주 퍼스 프로비던스시티교회 담임 목사

우리 교회 성도들의 손에 한 권씩 들려 주고 싶은 책이다. 마치 지혜로운 친구와 커피 한 잔을 마시며 대화를 나누는 것 같다. 토니 메리다는 설득력 있는 비전으로 예수님이 바라시는 교회가 되도록 우리를 끈기 있게 안내한다. 각 장에는 실용적인 실천 사항들이 가득하다.
애덤 램지 _ 호주 골드코스트 리버티교회 담임 목사, *Truth on Fire* 저자

모든 그리스도인이 길의 구덩이를 피하고, 교회에서 사역과 사명을 향해 함께 달려갈 수 있도록 토니 메리다가 말씀 중심적이고, 그리스도를 높이며, 이해하기 쉽고, 유용한 GPS를 제공한다. 나는 우리 교회 리더들과 평신도들에게 열심히 이 책을 건넬 것이다.
조나단 맥클로플린 _ 북아일랜드 뱅고어 해밀턴로드침례교회 담임 목사

토니 메리다는 세심한 성경의 가르침과 따뜻한 유머, 풍부한 개인 경험을 통해 예수님이 주님이 되시는 교회를 우리가 책임감 있고 기쁘게, 전심으로 섬기도록 격려한다. 이 책은 모든 교인이 읽어야 할 '필독서'다.
프랭크 셀라 _ 북아일랜드 블룸필드장로교회 목사

이마고데이교회를 위하여

그리고
교회를 복되게 하고
예수님이 주신 사명을 전진케 하는
이름 없는 영웅인
온 땅의 신실한 교인들을 위하여

목차

서문: 레이 오틀런드
들어가는 글: 지금 당신에게 교회는

1. **소속 Belonging ｜ 복음 중심의 가족** ·················· 27p
   믿음의 가족에 소속되는 것은 우리의 특권임을 잊지 말라.

2. **환대 Welcoming ｜ 은혜 중심의 환대** ·················· 45p
   편애는 하나님의 은혜를 드러내지 못한다.

3. **모임 Gathering ｜ 공동 모임의 가치** ·················· 67p
   당신에게는 교회가, 교회에게는 당신이 필요하다.

4. **돌봄 Caring ｜ 성령의 열매 보여 주기** ·················· 89p
   혀로만 사랑하지 말고 행함과 진실함으로 사랑하라.

5. 섬김 Serving ｜ 몸 된 교회를 위해 성령의 은사 사용하기 ··· 111p
그리스도와 그분의 백성을 기쁨과 사랑으로 섬기라.

6. 존경 Honoring ｜ 겸손한 목자 따라가기 ·················· 129p
당신의 신실한 목자를 존경하고 사랑하라.

7. 전도 Witnessing ｜ 착한 행실과 복음 전도 ··············· 145p
복음을 전하기에 완벽한 날은 없다.

8. 파송 Sending ｜ 선교 계속하기와 건강한 교회 개척하기 ··· 167p
파송하고 파송됨으로써 우리 구주의 발자취를 따라가라.

나가는 글: 우리 교회의 비전
감사의 글
주
참고 도서

실천 사항과 토론 가이드, 워크시트를 다운받아
교회의 상황에 맞게 수정해서 활용하실 수 있습니다.

서문

예수님은 단순히 새로운 공동체를 시작하려고 이 세상에 오신 게 아니다. 그분은 '새로운 종류'의 공동체를 시작하려고 이 세상에 오셨다. 과장되고 잔인한 세상에서, 예수님은 자신의 아름다움으로 구별된 공동체를 시작하기 위해 자기 목숨을 주셨다.

예를 들어, 예수님의 가르침으로 유명한 팔복[새로운 공동체를 위한 '그라운드 룰'(Ground Rule, 정식 규정과 다른 경기장에서 시합을 하기 위해 만든 별도의 규칙-편집자 주)]은 이렇게 시작한다. "심령이 가난한 자는 복이 있나니 천국이 그들의 것임이요"(마 5:3). 그분의 "복이 있다."는 "축하한다!"는 뜻이다. 하이 파이브란 말이다. 그러니까 예수님은 지금 심령이 가난한 자를 하이 파이브하면서 축하하고, 칭찬하며, 환대하고 계신 것이다. 예수님은 실세나 거물, 인싸, 잘나가는 사람을 지나치신다. 그러고는 가난한 자를 바라보신다. 그분께 드릴 게 아무것도 없는데, 자랑할 게 아무것도 없는데, 결핍만 있을 뿐인데, 예수님은 이들을 기뻐하고 환대하시며 그분의 나라의 상속자로 삼아 부유하게 하신다.

누가 낙오자와 함께 싱크탱크(think tank, 모든 분야 전문가들이 모여 정책이나 경영 전략을 분석·연구하는 집단—편집자 주)를 시작할까? 누가 파산자와 비즈니스를 시작할까? 누가 실패자와 대담히 벤처 사업을 시작할까? 바로 예수님이다. 예수님은 죄인들을 데리고 새로운 종류의 공동체를 세우신다. 그들은 어찌나 죄질이 나쁜지 하나님께서 왜 그들에게 주목하셔야 하는지 단 하나의 이유도 댈 수가 없다. 예수님은 그런 죄인들을 품 안에 안으시고는 **"축하해! 너는 영원히 간직할 가치가 있는 모든 것을 상속받게 될 거야!"**라고 말씀하신다.

새로운 종류의 공동체는 우리의 힘을 요구하지 않는다. 오히려 우리에게 필요한 게 무엇인지 묻는다. 그럼 예수님께서는 은혜로 모든 것을 채워 주신다. 우리가 으스댈 틈이 없다. 지금 우리에게 필요한 것은, 오직 충만한 자비의 예수님뿐이다. 이 놀라운 계획이 바로 그분의 아름다움이 추악한 세상에 들어오는 방법이다.

토니 메리다 목사와 나는 이 사실을 굳게 믿는다. 우리는 오직 예수님만이 창조하실 수 있는 이 새로운 공동체를 진전시키는 데에 우리 삶을 걸었다. 그래서 나는 그의 멋진 새 책, 『교회 사랑 설명서』를 기쁘게 추천한다. 당신의 손에 들린 이 책이 예수님과 그분의 공동체에 대한 당신의 경험을 매우 풍성하게 해 줄 것이다.

그의 책에서 나는 두 가지가 가장 인상 깊었다. 첫째, 카테고리가 훌륭하다. 목차를 보라. 우리가 교회에 정말 바라는 것(소속, 환대, 모임, 돌봄, 섬김, 존경, 전도, 파송)을 나열한다. 오늘날 이 영광스러운 특징이 과해서 고통받는 사람이 있는가? 예를 들면, 소속감이 지나치게 크다든가 말이다. 우리는 그런 문제를 제대로 해결하고 넘어왔는가? 토니가 소개하는 거룩한 특권 중 어느 하나도 특정 교단에 국한된 게 아니라는 점이 놀랍다. 침례 교회만의 것도, 성공회 교회만의 것도, 장로 교회만의 것도 아니다. 저 하늘의 능력은 그저 기독교의 것이다. 저 능력은 예수님이 어디에 계신지 우리에게 보여 준다. 그래서 우리는 길을 잃지 않을까 혹은 너무 멀리 가지는 않을까 하는 염려 없이 복음의 증거에 닿을 수 있다.

둘째, 각 챕터를 끝맺는 방식이 눈에 띈다. 그는 우리가 실제적인 단계에서 시작할 수 있도록 '실천 사항'을 제시한다. 이론적인 기독교는 이미 충분히지 않은가? 우리에게 더 필요한 것은 진짜 차이를 만들어 내는 진짜 기독교다. 우리는 그의 핵심 내용을 통해 다음 단계로 나아갈 수 있다. 당신이 각 장의 끝에 이르게 되거든, 하나님의 은혜에 힘입어 그분의 영광을 위해 그 실천 사항을 담대히 도전해 보지 않겠는가? 모든 실제적인 방법을 동원해서 우리 교회 안에 예수님이 만드신 진짜 공동체를 구현하자.

하지만 무엇보다 가장 좋은 점은 전반적인 어조와 그것이 빚어낼 영향력이다. 이 책은 우리가 새로운 기대감으로 우리의 교회를 보게 하고, 새로운 즐거움으로 교회를 사랑하게 할 것이다. 흠을 찾아내는 대신에, 예수님이 거하시는 교회에 소속된다는 특권에 깜짝 놀라게 될 것이다. 당신의 교회에 예수님이 계시다! 그걸로 충분하지 않은가? 이 책을 통해 토니가 우리에게 전하려는 것은, 오늘날 이 땅에서 우리가 저 위대한 실체(예수님이 함께하시는 공동체)에 참여하게 된다는 새로운 경이감이다.

주일마다 이것을 생생하게 인지한 채로 교회에 가면, 우리는 주변 모든 이에게 생명을 불어넣을 수 있다. 죽지 않고 더 오래 살기를 바라지 않는 사람이 어디 있겠는가? 나의 영웅 프랜시스 쉐퍼(Francis Schaeffer)가 수십 년 전 한 말을 나는 참 좋아한다.

> 교회가 교회답다면, 젊은이들은 교회에 올 것이다. 그냥 '교회에 오는' 게 아니라, 나팔을 불고 심벌즈를 울리면서, 머리에 꽃을 꽂고 춤을 추면서 교회에 올 것이다.[1]

그리고 나이 든 이들도 올 것이다. 그러면 우리 동네는 예수님이 이곳에 오셨다는 사실을 알아채기 시작할 것이다!

우리 모두가 우리의 교회 안에서 저 예언의 실현에 이르도록 도와준 토니에게 고마운 마음을 전한다.

레이 오틀런드(Ray Ortlund), 2021년 2월

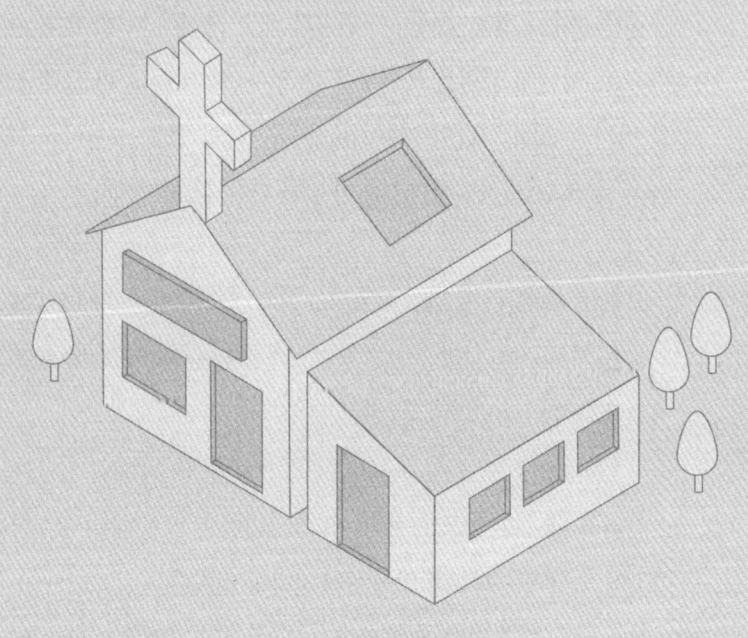

들어가는 글: 지금 당신에게 교회는

나는 이 책을 읽는 당신이, 책에 담은 나의 바람을 알아주길 바란다. 그것은 바로 사람들이 예수님과 그분의 교회를 사랑하고, 자기의 교회를 사랑하는 방법을 알게 되는 것이다. 이것이 전부다.

참 감사하게도, 교회에 관한 책이 넘쳐 나고 훌륭한 자료도 많다. 그 가운데 이 작은 책이 가진 특징은, '평범한' 그리스도인에게 말한다는 점이다. 다시 말해, 교회가 얼마나 중요한지, 교회에서 무슨 역할을 할 수 있는지, 바로 그것을 당신이 깨닫게 되는 것이 이 책의 목표다. 따라서 이 책은 교회 리더들을 위한 책이 아니다. 물론 그들도 함께 유익을 누리길 바라지만 말이다. 이 책은 그리스도를 중심으로 교제하며, 신실하게 예수님을 따르고, 그럼으로써 기꺼이 구별되기를 원하는 사람 모두를 위한 책이다.

그러니 당신의 교회를 사랑하고 싶다면, 가장 좋은 출발점은 **지금** 당신에게 교회는 무엇인지 돌아보는 것이다.

이 사람들이 다 우리 가족이에요?

아내와 나는 다섯 자녀를 입양했다. 네 명은 우크라이나에서 왔고 한 명은 에티오피아에서 왔다. 에티오피아에서 온 우리 아들 조슈아는 집에 온 지 넉 달이 되었을 때 첫 크리스마스를 경험했다. 12월의 그 특별한 하루를, 나는 결코 잊지 못한다. 그날 우리 가족은 소중한 추억을 하나 만들었을 뿐만 아니라 교회의 본질을 보여 주는 멋진 경험을 했다.

우리는 버지니아 북부의 눈에 감탄하며 조슈아의 새로운 조부모님 댁에 갔다. 집은 이미 가족들로 북적였다. 정말 살아 있는 가족이었다! 당시 조슈아는 다섯 살이었는데 내 손을 꼭 잡은 채로 사촌 형제들과 삼촌 가족들, 할아버지와 할머니를 유심히 관찰했다. 크리스마스 노래가 흘러나오고, 불빛이 반짝이며, 트리 아래에는 선물이 놓여 있었다(물론 조슈아의 것도!). 조슈아가 나를 올려다보며 물었다. "아빠, 이 사람들이 다 우리 가족이에요?"

"그렇단다, 아들아." 나는 대답했다. "이 사람들이 다 우리 가족이란다."

마찬가지로, 교회의 크고 작은 모임을 함께하는 교인들에 대해 우리는 이렇게 말할 수 있다. "이 사람들이 다 우리 가족입니다."

이 책을 읽는 몇몇은 **"불행히도** 이 사람들이 다 우리 가족이네요…."라고 말하고 싶을지도 모른다. 하지만 그 역시 교회를 설명한다! 모든 교회에는 사랑하기 어려운 사람이 있다. 때로는 당신이 그런 사람 중 하나일 수도 있다! 모든 교회에는 제정신이 아닌 삼촌과 난폭한 형제자매가 있다. 단언하건대 그건 항상 그렇다. 고린도교회에 쓴 바울의 편지를 한번 읽어 보라. 그게 교회다.

조슈아는 우리와 첫 크리스마스를 보내며, **입양되면 새로운 가족이 생긴다**는 교훈을 배웠다. 교회는 입양된 형제자매들이 모인 가족이다(참고. 갈 4:4-7; 롬 8:12-17). 예수 그리스도를 믿을 때, 우리는 하나님 아버지와 새로운 관계를 맺을 뿐 아니라 새로운 가족 구성원과도 새로운 관계를 맺는다(딤전 3:15; 갈 6:10).

우리는 맏형이자 왕이신 예수님에 의해 변화된 형제자매로 이루어진 '이미-아직'(already but not yet) 공동체다. 즉 우리는 진정한 구원을 **이미** 경험했지만, 장래의 완전한 최종 구원을 **아직** 기다린다. 언제나 하나님의 백성과 함께 말이다. 이미-아직 공동체인 우리는, 우리의 왕이 누구신지, 장차 올 나라가 어떤 곳인지 우리의 삶과 언행을 통해 세상에 나타낸다. 이렇게 드러난 교회는, 그리스도께서 은혜롭게 통치하시는 큰 하나님 나라의 작은 대사관과 같다. 우리는 (거류민과 나그네처럼) 본향을 떠나 있다(벧전 2:11). 그래서 우리의 삶과 행동이 다른 사람들과 다른 것이다. 우리는 세상이 우리를 보고 다름을 발견해서 "너희는 여기 출신이 아니네. 그렇지?"라고 묻게 하기 위해서 이 땅에 산다. 그렇다, 우리는 이곳 출신이 아니다. 우리의 시민권은 하나님 나라에 있고, 우리는 이 땅에 오셔서 만물을 새롭게 하실 우리 구주를 기다린다(빌 3:20).

성부와 성자, 성령 하나님을 찬양하고 말씀을 듣기 위해 교회에 모이는 일, 성찬에 참여하고 세례식을 지켜보는 일, 가까운 교인들과 교제하고 그들과 함께 기도하는 일은 그저 '종교 모임에 가는 것'보다 훨씬, 훨씬 더 큰 일이다. 당신은 이렇게 교회에 소속됨으로써 영광스럽고 영원하며 특별한 공동체의 일원이 된다. 이는 모두 예수 그리스도의 구원 사역을 통해 가능케 되었다.

성경 속 교회에 관한 진술은 깜짝 놀랄 만큼 아름답다. 예를 들어, 교회의 활력과 가족으로서 교회의 본질, 교회에 의해 선포된 진리를 사도 바울은 하나의 엄청난 문장으로 선언한다. "이 집은 살아 계신 하나님의 교회요 진리의 기둥과 터니라"(딤전 3:15). 바울이 에베소교회의 장로들에게 한 설교도 생각해 보라. "여러분은 자기를 위하여 또는 온 양 떼를 위하여 삼가라 성령이 그들 가운데 여러분을 감독자로 삼고 **하나님이 자기 피로 사신 교회**를 보살피게 하셨느니라"(행 20:28, 강조는 저자 추가). 하나님의 교회가 소유한 특권은 무엇인가? 하나님께서 사랑하시는 아들의 속죄 사역으로 사신 바 된 것이 아닌가! 예수님께서 교회를 어떻게 정의하시는지 생각해 보라. 바울이 교회를 핍박할 때 예수님은 물으셨다. "네가 어찌하여 **나를** 박해하느냐"(행 9:4; 22:7, 강조는 저자 추가). 이 순간, 훗날에 사도가 될 테러리스트는 깨달았다. 예수님은 살아 계신 주님이실 뿐만 아니라 교회에 대한 박해는 곧 그분에 대한 박해라는 것을 말이다. 그렇듯 예수님의 심장은 교회와 긴밀히 묶여 있다.

책임이자 특권

이 책에서 나는 교인이 가져야 할 중요한 책임 여덟 가지를 소개하려 한다. 각각의 책임은 동시에 특권이기도 하다.

먼저 1장에서는 교회에 소속되는 것이 왜 중요한지 살펴볼 것이다. 2장에서는 왜 그리고 어떻게 환대(온갖 종류의 사람들을 우리의 공동체 안으로 기쁘게 맞이하는 것)를 실천하는지 살펴볼 것이다. 3장에서는 공동 예배의 중요성을 다루고, 4장과 5장에서는 우리의 소명, 곧 서로를 돌보고 은사를 사용해서 그리스도의 몸을 섬기는 일에 대해 다룰 것이다. 6장에서는 목사가 갖는 중요한 책임을 대략 서술하고 성도와 목사의 관계를 설명할 것이다. 7장과 8장에서는 선교, 구체적으로는 개인적인 전도와, 교회가 지역 사회와 세계에 영향을 끼치는 방법을 다룰 것이다.

이 책은 그저 정보를 나누기 위한 책이 아니다. 나는 이 책이 당신을 변화시키길 소망한다. 그래서 자신의 교회를 잘 사랑하는 교인이 된다는 게 무엇인지 보여 주기 위해 각 장의 끝에 '실천 사항'을 간략하게 적었다.

나는 당신이 지역 교회의 일원이 될 때 기쁘고 신이 났으면 좋겠다. 나는 안다. 우리가 (입 밖으로 드러내건 드러내지 않건) 교회의 일원이 되는 일은 그렇게 기쁘고 신이 나지만은 않는다는 사실을 말이다. 사람들이 교회의 가족에게 깊이 마음을 쏟지 않는 이유는 많다. 어떤 이는 교인에게 상처를 받았고, 어떤 이는 목사에게 상처를 받았다. 나는 이런 현실에 깊은 슬픔을 느낀다. 이들이 돌봄과 치유를 경험하고 신실한 교회 가족 안에서 회복되기를 간절히 바란다. 만일 이 책이 그런 부분에서 당신에게 도움이 된다면, 나는 정말 기쁠 것이다.

어떤 이들은 '교회에 대하여 이론적으로만 찬성하고 현실에서는 반대'한다. 그들은 교회를 주말에 갈 곳이 없다면 가도 좋은 곳 정도로 본다. 혹은 자녀가 경험해 보기를 원하지만 성인이 된 후에는 그들이 선택할 문제로 본다.

많은 이들이 교회라는 '개념'은 사랑한다. 그러나 정작 교회에서 진짜 그리스도인들과 교제하지는 않는다. 어떤 이들은 소셜 미디어에서 교회 소식을 챙겨 보고 심지어 목사들에게 조언도 하지만 행동은 하지 않는다.

어떤 이들은 교회에 열린 마음을 가지고 있지만 실제로는 그다지 배운 적이 없어 교회의 중요성을 잘 모른다. 그게 바로 당신이라면, 당신이 이 책을 읽고 있어서 기쁘다!

또 어떤 이들은 상당 기간 교회를 섬기고 사랑했지만 자신이 처한 상황 때문에, 혹은 교회의 내부 문제 때문에, 혹은 다른 이유로 지금은 지쳐 버렸다. 탈진한 그리스도인은 그리스도의 풍성함이 얼마나 무한한지 되새길 필요가 있다. 또한 자신의 수고가 교회 안에서 얼마나 의미 있는지 되새겨야 한다. 나는 이를 상기시켜 당신에게 힘을 북돋고 싶다.

그리고 자객처럼 재빠르게 사라지는 사람들이 있다. 예배 시간에 강단에 서면 몇몇 분들이 눈에 들어온다. 그래서 '저분은 누구시지?' '최근에 못 뵀던 분이네?' 혹은 '저분을 다른 성도님들과 연결해 드려야겠다!' 등의 생각을 하고 그들을 만나기 위해 로비에 나가 보면, 그들은 벌써 가고 없다! 나는 그들의 속도에 깜짝깜짝 놀란다. 그들의 이야기를 듣고 싶은데 아쉬울 따름이다. 그중에는 분명 기독교의 주장에 관심 있는 구도자들도 있을 텐데 말이다. 어떤 이들은 과거의 부정적인 경험 때문에 교회에 발을 들여놓기를 꺼린다. 또 어떤 이들은 우리 교회가 자기 고향의 교회만큼 훌륭하진 않을 거라 보고 일찌감치 거리를 둔다. 내 설교를 좋아하지 않아서 빨리 끝나기만을 기다리는 이들도 있다. 또 다른 이유도 있을 것이다. 나는 그들이 예수 그리스도를 통해 이루어진 성경적 공동체의 기쁨을 경험하기를 간절히 바란다.

마지막으로, 교회를 진심으로 사랑하지만 **어떻게** 사랑해야 하는지 잘 모르는 사람도 있다. "목사나 찬양팀, 리더가 아니라면, 내 역할은 뭐지?" 하고 궁금해한다. 당신이 바로 그렇다면, 이 책이 교회 안에서 할 수 있는 간단하지만 중요한 훈련을 통해, 교회를 위해 당신이 할 수 있는 일을 발견하게 해 줄 것이다.

당신이 어디에 있는 누구건, 우리는 모두 그리스도의 몸 된 교회를 향한 성경의 비전을 되찾음으로써 유익을 얻을 것이다. 그리고 그리스도께서 우리를 부르신 대로, 교회를 사랑하게 될 것이다.

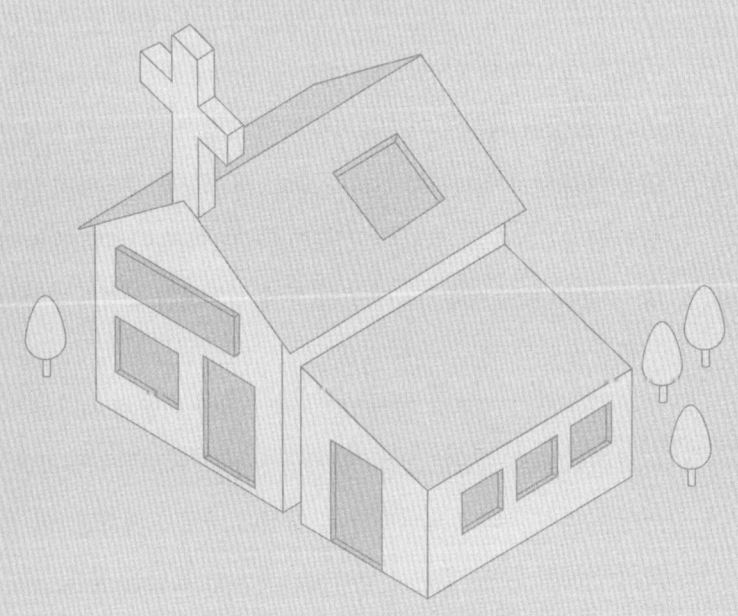

토니 메리다 목사님의
1장 가이드 영상으로 연결됩니다.

1.
소속: 복음 중심의 가족
Belonging

삼위 하나님은 관계의 하나님이시고 관계를 위해 우리를 창조하셨다. 우리는 이렇게 하나님의 형상을 따라 창조된 자아이기에 공동체를 이룬다.

어쩌면 그렇게 많은 인기 드라마들이 공동체 이야기를 다루는 이유도 이 때문일지 모른다. 1980년대에 인기를 끈 "치어스"(Cheers)는 동네 술집에서 친해진 친구들의 이야기를 그렸다. "때로는 모두가 당신의 이름을 알아주는 곳으로⋯ 가고 싶겠지요." 그 주제곡의 끝부분을 기억하고 따라 부르는 이들이 아직도 많다. "프렌즈"(Friends)는 맨해튼에 사는 여섯 친구를 중심으로 돌아가는 드라마로, 1990년대에 선풍적인 인기를 끌었다. (게다가 최근에는 MZ세대 사이에서 다시 유행했다.) "내가 너를 위해 거기 있을게. 네가 나를 위해 거기 있을 테니까."는 많은 열성 팬이 따라 불렀다.

2000년대에는 SF 드라마 "로스트"(Lost)에 수백만 명이 빠져들었다. 항공기 사고 생존자들이 정체불명의 섬에서 함께 살아가는 이야기를 그린 이 드라마 역시 관계의 중요성을 매우 강조했다.

소셜 미디어의 인기도 공동체를 향한 우리의 갈망을 잘 보여 준다. 사람들은 알려지길 원하고, 다른 사람을 알길 원하며, 친구를 필요로 한다. 그래서인지 동네 헬스장에서도 강한 공동체 의식이 나타난다. 운동하는 장소, 그 이상이 된 것이다. 공동체를 향한 이러한 필요는 우리 자녀들이 새 학년을 시작할 때마다 "새로운 친구를 만나게 될까요?" 하고 항상 궁금해하는 이유이기도 하다. (공부에도 그만큼 관심을 보여 주면 좋을 텐데!)

하나님은 우리에게 공동체에 대한 필요를 주셨다. 그리고 그 필요를 채울 수 있는 곳도 주셨다. 바로 교회다. 죄는 하나님과의 관계와 다른 사람과의 관계를 깨뜨리지만, 복음은 우리를 하나님과, 사람과 화목하게 한다. 그래서 하나님께서 그리스도 안에서 교회라는 연합을 이루신 것이다. 우리는 이렇게 하나 되게 하신 것을 힘써 지켜야 한다(엡 4:3). 하나님은 우리에게 소속될 공동체를 주셨다. 이제 우리는 그 공동체에 전념해야 한다.

공동체에서 오는 복을 경험하려면 교회의 다른 형제자매와 거리를 두는 마음을 버려야 한다. 마찬가지로 함께 시간을 보내는 일(소그룹, 공동 예배, 지속적인 소통 등)도 소홀히 하면 안 된다. 이는 코로나19가 그토록 극복되어야 하는 이유이며, 비록 완벽하거나 이상적이지는 않더라도 신자들이 공동체와 예배로 연결되도록 교회가 창조적인 노력을 해야 하는 이유다.

예수님의 관점에서 본 교회

대학 시절 막 예수님을 따르기 시작했을 때, 나는 캠퍼스 사역과 지역 봉사 활동에 적극적으로 뛰어들었다. 하지만 정작 교회와는 더 멀어지길 바랐다. 교회가 내 발목을 잡는다고 생각했던 것이다. 나는 '운동'과 '활동'에 참여했지 교회에 참여하진 않았다. 교회 안에서 벌어지는 막장 드라마를 알고 있었고, 그 일부가 되고 싶진 않았기 때문이다. 그리고 당시 나는 또래(혹은 조금 더 어린 학생) 사역에만 관심이 있었지, 여러 세대가 뒤섞인 공동체에는 관심 없었다. 그 시절 나는 기독교 하위문화에 참여하려 했지, 교회를 배경으로 천천히 신실함을 배우려는 게 아니었다.

이렇게 생각했던 건, 성경을 꼼꼼히 연구하기 전이라 교회에 대한 나의 이해가 너무 조잡했기 때문이다. 나는 예수님의 눈으로 교회를 바라보지 못했고, 성경이 묘사하는 대로 교회를 이해하지 못했다. 오늘날 나와 같은 사람들이 많다는 걸 안다. 하지만 우리는 교회를 이해할 때 경험이나 선호의 지배를 받아서는 안 된다. 오직 성경적으로 바라봐야 한다. 즉 교회를 기쁘게 봐야 한다는 말이다.

교회에 소속된다는 것은 당신의 인생을 복음 중심의 그리스도인 공동체(기쁘게 서로를 섬기고 예수님의 명령을 함께 이루어 가는 공동체)에

쏟는다는 뜻이다. 웨일스의 위대한 설교자인 마틴 로이드 존스(D. Martyn Lloyd Jones)는 기쁨의 교회가 얼마나 중요한지 이렇게 강조했다.

이 시대에 가장 필요한 것은 활기를 되찾은 기쁨 넘치는 교회다.
…행복하지 않은 그리스도인은 믿음을 증거하는 힘이 약하다.
…초대 교회 그리스도인들의 넘치는 기쁨은 기독교 전파의 가장 강력한 요소였다.[1]

하나님께서 그리스도 안에서 우리를 위하여 하신 일을 생각할 때, 복음은 자연스럽게 '넘치는 기쁨'으로 우리를 인도한다. 그리고 그 넘치는 기쁨은 교회 안에서 더 커진다. 우리는 그 기쁨을 교회 안에서 느끼고 경험할 수 있다.

이 기쁨(고난 중에도 느껴지는 그리스도 중심의 기쁨)은 독특하고 강력하며 희망적이고 매력적이다. 그렇다고 교회에 슬픔이 전혀 없다는 말은 아니다. 슬퍼할 때에도 기쁨을 퍼 올릴 수 있는 기쁨의 우물이 있다는 뜻이다. 그것이 바로 구원의 우물이다. 덕분에 우리는 고난을 당할 때에도 "근심하는 자 같으나 항상 기뻐"할 수 있다(고후 6:10).

그리고 이것은 새 언약의 백성에 소속되는 특권이다. 그리스도 예수 안에서 회개와 믿음으로 구원받은 공동체의 일원이 되는 특권이다. 그들 안에는 성령님이 거하시고, 그들은 교회 공동체에 참여한다. 또한 그들은 말씀을 들으러 모이고, 예배에 참여하며, 훌륭한 목사의 인도를 받고, 세례와 성찬의 신비를 누린다. 이렇게 성경의 '서로 하나됨'을 실천하는 데에 헌신하고 (하나님을 사랑하고 네 이웃을 사랑하라는) 대계명과 (열방을 제자 삼으라는) 대위임령을 성취하기 위해 흩어지는 공동체에 속하는 일은 경이롭다.

보편적 교회(Universal Church, 모든 시대와 모든 장소에 있는 모든 그리스도인)와 지역 교회는 둘 다 중요하고, 겹치는 부분도 많다. 하지만 이 책은 지역 교회에 초점을 맞췄다. 그레그 앨리슨(Gregg Allison) 교수가 말했듯이, 지역 교회는 "신약 성경이 교회에 대해 말할 때 가장 일반적으로 지시하는 대상"이다. [2]

'교회'(*ekklēsia*, 에클레시아)라는 단어는 일반적으로 모임 또는 집회를 뜻한다. 하지만 교회는 모이는 것 이상을 의미한다. 교회는 예배를 위해 모이고 전도를 위해 흩어지는 신자들의 공동체다. 그들은 서로를 위해 그리고 세상을 위해 예수님을 중심으로 함께 삶을 나눈다. 이러한 **공동체**에 대한 생각은 신약 성경 곳곳에서 발견된다. 성경은 "외로운 방랑자"와 같은 신앙에 대해 전혀 말하지 않았다. 내가 좋아하는 디도서 말씀을 함께 보자. 예수님이 "우리를 대신하여 자신을 주심은 모든 불법에서 우리를 속량하시고 우리를 깨끗하게 하사 선한 일을 열심히 하는 **자기 백성**이 되게" 하기 위해서다(딛 2:14, 강조는 저자 추가). 이해했는가? 예수님은 '나'라는 개인을 위해(물론 이것도 사실이다!) 서만 자신을 주신 게 아니라 '우리'라는 공동체를 깨끗하게 하시기 위해 자신을 주셨다.

베드로전서 역시 공동체적 초점을 강하게 드러낸다. 특히 신자들에게 공동체적 정체성을 일깨워 주기 위해 몇 가지 이미지를 사용한다. "너희가 전에는 백성이 아니더니 이제는 하나님의 백성이요"(벧전 2:10). 이렇듯 신약 성경은 요즘 유행하는 주장, "저는 보편적 교회의 일원입니다. 그래서 눈에 보이는 지역 교회에는 참여할 필요가 없습니다."라는 주장을 거부한다. 그러고는 **지역 사회에 기반을 둔, 실재하는 공동체**와 우리를 동일시함으로써 우리가 보편적 교회의 일부라는 사실을 보여 준다. 이는 그리스도와의 연합과 같다. 우리가 그리스도와 영적으로 연합했음을 **눈에 보이게** 삶으로 살아 내는 것처럼, 다른 신자들과의 연합도 **눈에 보이게** 삶으로 살아 내야 한다.

어떤 사람들은 교회의 '교인'(membership)이라는 개념에 눈살을 찌푸린다. 하지만 우리는 성경의 여러 진리가 그 개념을 말하고 있다는 사실을 알아야 한다. 여기 몇몇 구절을 보자. 먼저 교회의 치리에는 교인들의 신원을 확인할 수 있다는 전제가 깔려 있다(마 18:15-17). 또 바울이 "이 악한 사람은 너희 중에서 내쫓으라"고 말할 때도, 어떤 사람들은 안에 있고 어떤 사람들은 밖에 있음을 전제한다(고전 5:9-13). 그뿐만 아니라 신약 성경에는 교인의 명부가 들어 있는데, 이 사실도 교인들의 신원을 확인할 수 있었음을 보여 준다(예를 들어, 딤전 5장). 그리고 사도행전에서는 사람들을 세는 모습을 볼 수 있다(예를 들어, 행 2:41; 4:4). 히브리서 13장 17절은 인도자들이 자기가 인도한 사람을 하나님께 보고하게 될 거라고 말하는데, 이 말은 곧 그들이 자기 책임 아래에 누가 있는지 알아야 한다는 뜻이다. 게다가 교회에 대한 은유(성전의 돌, 가족의 구성원, 나라의 시민, 몸의 지체)도 모두 이러한 '교인'과 '소속'의 개념을 말한다.

지역 교회가 교인 등록 절차를 건강하게 시행하기 위해서는 유연함도 분명히 필요하다. 그러나 신약 성경은 교회 공동체에 소속되는 것만큼은 반드시 이루어져야 한다고 강조한다. 어떤 교회는 (우리 교회처럼) 매우 엄격하게 교인 등록 절차를 두지만, 어떤 교회는 좀 더 유연하다. 하지만 무슨 경우에라도 모든 신자는 교회에 소속되기 위해 진정한 결단을 해야 한다. 적극적으로 교회에 소속되는 일은 교인의(달리 말하면, 모든 그리스도인의) 특권이자 책임이며, 다른 이들과 관계 맺을 수 있는 방법이다.

교회에 대한 우리의 이해도 높이기

바울이 쓴 에베소서에는 교회에 관한 의미심장한 구절이 많다. 대부분은 보편적 교회에 관한 것이지만, 그 개념 중에서 상당수는 지역 교회에도 적용된다.

에베소서 1장에서 바울은 그리스도의 몸으로서의 교회를 설명하면서, 그리스도께서 교회의 최고 머리가 되신다고 말한다(엡

1:21-23). 그리고 2장에서는 우리가 하나님과 그분의 백성 밖에 멀리 있을 때, 그리스도께서 십자가를 통해서 우리를 하나님과, 서로와 화목하게 하셨다는 사실을 신자들(유대인과 이방인)에게 일깨운다(엡 2:11-18). 그러면서 바울은 교회를 **성도들과 동일한 시민, 하나님의 권속,** (예수님이 "모퉁잇돌"이 되시는) **하나님의 성전의 돌**이라고 부른다(엡 2:19-22).

에베소서 3장에서는 하나님이 "교회 안에서" 영화롭게 되시기를 기도하고(엡 3:20, 21), 4장 1-6절에서는 **교회의 하나 됨**을 말한다. 바울에 의하면, 교회는 하나님의 부르심(1절)과 그리스도를 닮은 행실(2, 3절), 그리고 공통의 신앙 고백(4-6절)으로 하나가 된다. 하나님은 성도들이 온전해져서 그분의 일에 봉사하고, 성숙을 향해 자라나도록(7-16절) 자기 백성에게 사역에 필요한 영적인 은사를 주시고 교회에 리더를 보내신다.

5장에서 성령의 영감을 받은 바울은 그리스도께서 교회(그분의 신부)를 사랑하시고, 그 교회를 위해 자신을 주셨다고 말한다(엡 5:25). 그러니 "난 예수님은 사랑하지만 교회는 사랑하지 않아."라는 생각은 모순이고 문제가 있다. 교회는 예수님의 신부다. 그러므로 이 생각은 마치 배우자에게 "난 당신을 사랑하고 당신과 함께 보내는 시간이 행복하지만, 당신의 가족에게 쓸 시간은 없소. 그러니 당신의 가족을 보지 않을 거고 함께 시간을 보내지도 않을 거요."라고 하는 것과 같다. 이게 당신에겐 말이 되는가?

바울은 덧붙여, 그리스도께서 교회를 거룩하게 하시고 양육하시며 보호하신다고, 그래서 언젠가 교회를 완전히 거룩하게 하실 거라고 말한다(엡 5:26-29). 윌리엄 쿠퍼(William Cowper)가 "핏값으로 구속받은 하나님의 모든 교회가 구원받아 더 이상 죄를 짓지 않게 될 때까지"(찬송가 258장, "샘물과 같은 보혈은"-역자 직역)라고 노래했듯이 말이다.

그런데 에베소서 3장 10절을 건너뛰면 안 된다. 바울은 유대인과 이방인(비유대인) 신자로 이루어진 교회가 "하늘에 있는 통치자들과 권세들"에게 "하나님의 각종 지혜"를 알려 줄 거라고 말한다. 이 "통치자들과 권세들"은 하늘에 있는 악한 자와 선한 자를 모두 가리킨다. 구원받은 자들이 함께 모여 구주를 찬양하고 서로를 사랑할 때, 천사들은 눈앞에 보이는 하나님의 은혜로운 구원 행위에 놀란다(벧전 1:10-12).

반면, 악한 영들은 두려워 떤다. 악한 세력은 십자가에서 이미 패배했고, 그들에게는 최후의 패배만이 기다린다. 그러니까 교회에 관해서는 눈에 보이는 것보다 많은 하나님의 일이 이루어지고 있다. 만약 당신이 교회의 일원이라면, 당신은 영적 통치자들과 권세들을 향해 선포된 우주적 설교의 일부다. 당신이 교회에 모이면, "하나님의 각종 지혜"가 세상에 알려지고, 부르심과 구속과 용서와 생명과 그리스도와의 연합을 선물로 받은 다양한 사람들 안에서 하나님의 은혜와 영광이 드러난다. [3]

공동체를 가로막는 장애물

그렇다면 우리는 왜 공동체의 복을 누리지 못할까? 항상 그렇지만, 우리가 문제다. 그리스도인인 우리가 교회 안에서 복음 중심적이고 성령 충만한 공동체를 살아 내려면 적어도 네 가지 장애물을 극복해야 한다.

감각주의 많은 그리스도인이 강한 자극에 중독돼 버렸다. 우리는 대규모 집회, 다른 교회의 목사, 최신 논쟁거리에 흥분한다. 자극을 좇는 이들은 단순히 교회에 소속되어 활동하는 삶으로는 만족하지 못한다. 교회에서 어르신을 돌보는 일, 다루기 힘든 성도를 회복시키는 일, 싱글 맘을 돕는 일, 아이들을 돌보는 일은 대개 감각주의자들을 자극하지 못한다. 이런 일들은 많은 사람의 눈에 감각적이지 않지만, 우리가 살아 내기만 한다면 세상을 뒤집을 수 있는 일이다. 더 크고 훌륭하며 새로운 자극을 끊임없이 찾아다니다 보면 결국 탈진한다. 그러니 우리는 믿음의 가족과 함께 기독교의 기본을 온전히 살아 내는 그리스도인의 삶을 회복해야 한다.

신비주의 성령 충만한 삶을 생각할 때, 많은 이들이 신비롭고 은밀하며 기적 같은 경험을 떠올린다. 과거에도 그랬다. 첫 번째 '사막의 교부'였던 시메온 주상 고행 수도자(Simeon the Stylite)는 AD 423년경 시리아 사막에 낮은 기둥을 세우고 6년간 거기서 살았다. 바로 하나님과의 깊은 교감을 갈망했기 때문이다. 하지만 그것이 정말 '성령 충만'이 의미하는 바일까? 사람들과 세상의 오락을 멀리하고 땅에서 높이 올라가서 사막의 은둔자가 되는 게? 필립 라이큰(Philip Graham Ryken)이 "사막에 보육원이 있을까?"⁴라고 묻듯이, 혼자서는 사막에서 살아갈 수 없다. 만약 살 수 있다 해도, 성경이 공동체에 대하여 말하는 맥락에서 볼 때 그것은 올바른 제자의 모습이 아니다.

은둔자의 방법과는 반대로, 요한계시록의 앞부분을 보면, 예수님은 "일곱 금 촛대 사이를 거니시는 이"로 묘사된다(계 2:1; 1:13). 거기서 예수님은 오늘날의 튀르키예에 있는 일곱 교회(일곱 금 촛대)를 칭찬하고 꾸짖으신다. 한번 생각해 보라. **그리스도께서 교회 사이를 거니신다니!** 이것이 바로 내가 내 인생을 교회와 더불어 꾸리길 원하는 이유다. 이것이 바로 내가 교회를 포기하지 않는 이유다. 예수님이 어디에 계신가? 그분은 교회 사이에 계시다. 그분은 목자요, 머리요, 포도나무요, 기초요, 남편이시다. 즉 삶을 변화시킬 만큼 깊고 새롭게 예수님을 만나는 최고의 장소는, 사막의 기둥이 아니다. 교회의 신도석이다.

이상주의 디트리히 본회퍼(Dietrich Bonhoeffer)는 『성도의 공동생활』(Life Together)에서 교회에 대해 '이루어질 수 없는 꿈'을 갖는 문제를 다룬다. 그리고 이상주의가 어떻게 참된 공동체의 원수가 되는지 설명한다. "공동체에 대한 꿈을 공동체 자체보다 더 사랑하는 사람은, 그의 개인적인 의도가 너무나 정직하고 성실하며 희생적일지라도, 공동체를 파괴하는 사람이 된다."⁵

허황된 꿈은 공동체를 파괴한다. 어떤 이는 소그룹에 대해, 어떤 이는 목회자에 대해, 또 어떤 이는 프로그램에 대해 이루어질 수 없는 꿈을 갖는다. 하지만 현실에서의 우리 삶은 정상에 있다가 나락으로 떨어지기도 한다. 좌절과 실망과 갈등이 있다. 그러나 우리는 예수님에 의해 속죄함을 입은 죄인으로서 은혜에 힘입어 계속해서 살아간다. 이 말은 우리가 교회의 모든 영역에서 개선을 위해 노력하지 않는다는 의미가 아니다. (우리는 노력한다!) 이 말은 곧 우리가 우리의 기대치를 재조정한다는 의미다.

나는 이상주의자들이 "교회가 1세기 때의 모습으로 돌아가면 좋겠어요. 그들은 모든 것을 통용했잖아요."라고 말할 때 혼자 웃곤 한다. 나는 오히려 그들에게 묻고 싶다. "신약 성경을 읽어 보셨나요? 고린도전서 1장도 읽어 보셨어요? 사도행전 5장의 아나니아와 삽비라의 이야기는요? 그보다 더 앞으로 되돌아가긴 힘들 텐데요." 신약 성경에 나오는 편지들은 계속해서 교회 안의 **문제**를 다룬다! 요한계시록에 나오는 일곱 통의 편지만 보아도 일곱 교회 중 다섯 교회를 향해 질책하고 있다. 1세기 교회가 신약 성경 이후의 교회인 우리 교회에게 모범이 된다? 맞는 말이다. 하지만 흠이 없지는 않다. 그러니 허황된 꿈은 버리자. 그리고 교회 비평가처럼 굴지 말고, 교회 안에서 은혜의 증거를 찾아보자. 교회가 성경적 우선순위를 가지면 기뻐하고, 우리가 원하던 것과 다른 모습을 보이더라도 너그럽게 이해하자.

개인주의 많은 이들이 (미처 깨닫지도 못한 채) 고립된 삶을 산다. 특히 서구에서는 더 그렇다. 그래서 성경적 공동체의 기쁨을 충분히 경험하지 못한다. 우리는 많은 사람을 알고 지내지만 깊은 관계로 이어지는 사람은 (만약 있다 해도) 매우 적다. 과학 기술은 우리 마음속 갈망을 채워 주지 않는다. 즉, 관계를 두텁게 할 수 있을지는 몰라도 관계를 대체할 수는 없다. 코로나19 팬데믹은 우리 모두에게 이를 가르쳐 주었다. 나만 해도 영상 통화를 사용한 지 두 주가 지나자, 디지털로 소통하는 데에 질려 버렸다. "내가 네게 쓸 것이 많으나 먹과 붓으로 쓰기를 원하지 아니하고 속히 보기를 바라노니 또한 **우리가 대면하여 말하리라**"(요삼 1:13, 14, 강조는 저자 추가). 요한은 먹과 붓(우리에게는 컴퓨터, 문자, 영상)에는 한계가 있다고 말한다. **친밀한 관계**(embodied relationship)를 위한다면, 이메일과 문자, 전화는 변변찮은 대체물이다. 대면하여 소통하지 않으면 확실히 무언가 허전하다. 진정으로 친밀한 관계를 놓치면 기쁨도 잃는다.

형제자매와 공동체를 이루는 것은 특권이다. 당신이 외향적이건 내향적이건, 활발하건 수줍음이 많건 전혀 상관없다. 그것은 그리스도인이 되는 핵심이다. 본회퍼는 이를 다음과 같이 묘사한다.

이 세상에서 성도들이 눈에 보이게 모여서 하나님의 말씀과 성찬을 나누도록 허락되다니, 하나님의 은혜다. 그리스도인이라고 누구나 이런 복을 누리진 않는다. 감옥에 갇힌 자, 병든 자, 외로이

흩어진 자, 이방 땅에서 복음을 전파하는 자는 홀로 서 있다. 그들은 눈에 보이는 교제가 복임을 안다. … 다른 그리스도인의 물리적인 존재 자체가 신자에게는 견줄 수 없는 기쁨과 힘의 원천이 된다. … 감옥에 갇힌 자, 병든 자, 추방된 그리스도인은 동료 그리스도인과의 동행에서 삼위일체 하나님의 은혜로운 임재의 물리적인 표지를 본다.…우리가 그리스도인 형제들과 더불어 공동체로 살아가도록 허락된 것은 은혜다. 오직 은혜다.[6]

우리에겐 서로가 필요하다. 그렇다고 함께 공동생활을 해야 한다는 뜻은 아니다. 공동체를 이루기가 쉽다는 뜻도 아니고, 어려운 일이 없을 거란 뜻도 아니다. 이 세상에서 공동체는 결코 완벽해질 수 없겠지만, 그래도 여전히 아주 멋진 방법으로 경험될 수 있다.

우리의 친구들이 전부 다 그리스도인이어야 한다는 의미가 아니다. (우리가 그리스도의 증인이 되고 싶대도 이건 그런 경우가 아니다.) 그리스도인의 성령 충만한 삶, 본질적으로 공동체를 중심으로 돌아가는 삶에 대해서 우리의 생각을 바꾸어야 한다는 의미다. 우리는 그런 공동체에 헌신해야 한다.

교회에 관한 신약 성경의 관점에 기초해서 다음의 실천 사항을 제안한다.

실천 사항

다음을 읽고, 당신의 실천 계획을 세우십시오.

- **교회에 관한 당신의 이해를 높이라.**
  교회를 중요하지도, 필요하지도 않은 것으로 다루지 말라. 하나님을 위해 위대한 일을 하는 데 교회가 방해된다고 여기지 말라. 교회는 불완전하지만, 신실한 그리스도인의 제자도에 있어서 필수적이다.

- **자신을 교회의 일원으로 여기라.**
  신앙을 고백하는 그리스도인이면서 교회의 일원이 아니라면, 당신은 지금 신약 성경의 모범을 따르는 것이 아님을 깨달아야 한다. 또한 그 특권을 마음껏 누리지 못하고 있다는 사실을 알아야 한다. 하나님께 당신에 대해 보고하게 될 목회자들의 감독과 책임과 훈련에서 멀어지는 일은 현명하지도, 안전하지도 않다(히 13:17).

- **만약 이사를 생각하고 있다면, 교회 등록을 우선순위에 두라.**
  직장이나 학교 (혹은 다른 이유) 때문에 이사하게 된다면, 의사 결정 과정에서 교회를 먼저 고려하라. 성경을 믿는 복음 중심적인 공동체에 들어가기를 힘쓰라.

- **믿음의 가족에 소속되고, 더 큰 보편적 교회의 일원이 되는 것은 특권임을 결코 잊지 말라!**
  지역의 관점에서, 그리스도의 환대를 서로에게 넓히고, 예배를 위해 공동으로 모이고, 더불어 삶을 나누고, 우리의 시간과 달란트와 재물을 복음의 확장을 위해 내어 주고, 사명을 함께 살아 내는 것은 하나님께서 우리에게 주신 은혜의 선물이다. 세계의 관점에서는, 예수님을 주님으로 고백하는 우리의 모든 형제자매와 함께하는 것이 은혜의 선물이다. 영원의 관점에서는, 구원받은 모든 사람과 함께 '존귀하신 어린양'을 항상 노래하게 될 것이 은혜의 선물이다.

- **소속된 교회를 위해 규칙적으로 기도하라.**
하나님의 백성과 리더를 위해 기도하고, 사명의 진전을 위해 기도하는 일이 얼마나 중요한지 간과하지 말라.

토론 가이드

에베소서 2장 18절-3장 19절을 읽으십시오.

1. 바울은 2장 18-22절에서 어떤 이미지로 교회를 묘사합니까? 그는 우리가 교회의 정체성에 대해 무엇을 보기를 원합니까?

2. 바울의 사명은 이방인에게 복음을 전하는 것입니다. 그의 궁극적인 목적은 무엇이고, 교회의 목적은 무엇입니까(3:1-13)?

3. 바울은 독자를 위해 무엇을 기도합니까(3:14-19)? 그가 "모든 성도와 함께"(18절)라는 문구를 넣은 이유는 무엇이라고 생각합니까? 그 문구가 바울의 기도에 대한 당신의 이해를 어떻게 변화시켰습니까?

4. 당신의 교회에서, 참여와 소속은 어떻게 여겨집니까? 당신이라면 이를 어떻게 권면하겠습니까? 당신은 어떤 열매를 거두기를 소망합니까?

5. 지역 교회에 소속되지 않을 때의 위험은 무엇입니까?

6. 위의 말씀에 근거해서, 당신의 교회를 위해 당신은 무엇을 기도하겠습니까?

토니 메리다 목사님의
2장 가이드 영상으로 연결됩니다.

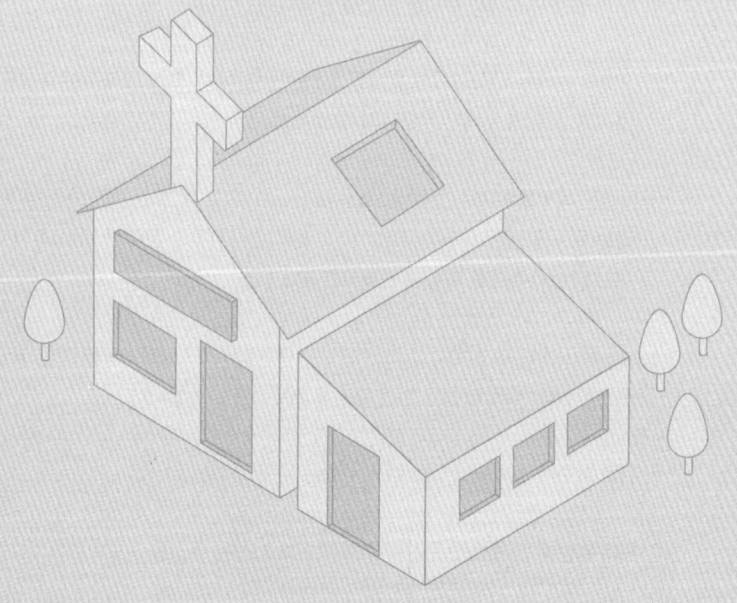

2.
환대: 은혜 중심의 환대
Welcoming

뉴올리언스에서의 첫 목회를 잊을 수 없다. 그날 설교 본문은 야고보서 2장 1-13절로, 교회에서의 편애(편파적인 태도)와 편견의 죄에 관한 말씀이었다. 나는 교인들에게 물었다. "교회가 성장해 교인들이 많아지길 원하시는 분 있습니까?" 여기저기서 손을 들었다. "이 건물에 사람들이 가득 차고, 여러 사역이 확장되며, 세계 곳곳에 교회가 세워지도록 후원할 수 있다면, 정말 대단하지 않을까요?" "아멘!"이 들려왔다. 나는 다시 물었다. "그런 성장의 75퍼센트가 백인이 아닌 사람들에게서 온다면 어떻겠습니까?"

그 순간 매우 어색한 장면이 펼쳐졌다. 몇몇은 환호했지만, 대부분 몹시 당혹스러워했고, 일부는 고함을 질렀다. 내 기억에, 어떤 사람은 밖으로 나가 버렸다. 사람들은 이렇게 생각하는 것 같았다. '이렇게 말씀하신 데에는 어떤 계획이란 게 있길 바라요, 목사님.'

그 교회는 다양한 인종이 모여 사는 지역에 있었지만, 교인 중에는 백인이 압도적으로 많았다. 나의 사명은 우리 교회가 수적으로 성장하는 것뿐만 아니라 동네의 모습을 그대로 반영하게 하는 것이기에, 더욱 교인들을 밀어붙였다. "목회자 중 절반이 유색 인종이면 어떨까요? 여러분이 병원에 입원했는데 유색 인종의 목사님이 여러분을 심방한다면 어떻게 하시겠습니까? 여러분은 어떻게 느끼시겠습니까?" 그리고 마지막 질문을 던졌다. "여러분은 우리가 정말 교회로서 성장하기를 원하십니까? 아니면 그냥 우리와 생김새가 같고 관심사와 견해, 계층을 공유하는 사람들이 더 늘어나기를 원하십니까?" 어쩌면 문구를 바꿔서 이렇게 간단히 질문했을 수도 있겠다. "**당신은 진심으로 당신의 교회가 환대하는 교회가 되기를 원합니까?**"

얼마 후, 내 친구가 우리 교회에 방문해 몇몇 성도와 인사를 나눌 기회가 있었다. 교인들은 이 손님이 내 친구인 줄 몰랐다. 그중 한 노신사가 내 친구에게 말했다. "우리가 먼저 목사님을 죽이게 될지, 아니면 목사님이 먼저 우리를 죽이게 될지, 난 잘 모르겠네요." 나는 상처를 주고 싶지도, 받고 싶지도 않았다. 오직 예수님 안에서 신약 성경의 비전, 다양한 신자들로 구성된 교회를 고스란히 드러내기를 열망했을 뿐이다.

편견과 차별은 인류의 고질적인 문제다. (특히 교회에서) 그 주제에 대해 말하는 것은 종종 우리를 매우 불편하게 한다. 하지만 하나님의 말씀은 이 문제에 관해 여러 곳에서 여러 모양으로 분명하게 드러낸다. 그러므로 하나님의 백성은 편견과 차별의 문제에 대해 다시 생각해 보아야 한다.

유대인과 이방인 그리스도인을 하나 되게 하려고 애쓰는 바울의 노력은 로마서의 주요 배경이 된다. 바울은 로마서 전체에서 이 문제를 다룬 후에, 14장과 15장에서 "믿음이 연약한 형제"(민감한 양심을 가진 사람, 유대인이 압도적이었다.)와 "믿음이 강한 형제"(강한 양심을 가진 사람, 이방인이 압도적이었다.)가 어떻게 하나로 연결되는지 매우 실제적으로 묘사한다. 바울은 말한다. "그러므로 그리스도께서 우리를 받아 하나님께 영광을 돌리심과 같이 너희도 서로 받으라"(롬 15:7). 이 구절은 모든 교인이 마음에 새겨야 할 만큼 중요하다. 우리에게는 예수님의 환대를 받고 그분의 가족이 될 권리가 없었다. 하지만 예수님을 믿는 믿음으로 말미암아, 예수님에 의해 받아들여졌다. 예수님은 우리를 은혜로, 기쁘게, 온전히 받아 주셨다. 이제 교회에 속한 우리는 복음을 중심에 둔 공동체, 신자들을 환대하는 공동체가 되어야 한다.

성경의 내러티브는 오늘날 배척과 분열이 왜 존재하는지, 예수님은 치유를 위해 어떻게 오셨는지 보여 준다. 먼저 하나님은 창조하실 때, 그분의 형상을 따라 우리를 만드셨다(창 1, 2장). 그래서 모든 사람은 어떤 인종, 어떤 출신이건 똑같이 가치 있고 존엄하며 존귀하다. 하지만 타락이 있었고(창 3장), 우리는 죄로 인해 하나님

뿐만 아니라 다른 사람들과도 멀어졌다. 지금은 인종과 계층, 세대, 부족 간에 분열과 적대감이 존재한다. 하지만 그리스도로 말미암아 우리는 하나님과, 다른 사람과 화목하게 되었다. 이런 하나 됨이 복음의 능력을 증명한다. 예수님은 막힌 담을 허무신다. 우리는 교회 안에서 그 증거를 볼 수 있어야 한다(엡 2:11-22)! 새 창조의 어느 날, 만물이 새로워지고 구주를 찬양할 때 우리는 영광스러운 하나 됨과 아름다운 다양성을 경험할 것이다(계 5:9, 10).

그러므로 우리에게 정말 필요한 것은, 이 편견과 차별의 문제에 복음을 적용하는 것이다. 하나님 나라의 세계관으로 살고, 하나님께서 우리에게 보여 주신 은혜를 기억하며, 역사가 어디로 향해 가고 있는지를 기억하는 것이다. 편애, 편견, 인종주의는 어두움이지만, 예수님의 복음은 어두움 속으로 침투한다.

편애가 아닌 사랑으로

간단히 말해서, 그리스도를 믿는 믿음과 편애는 절대로 양립할 수 없다. 우월 의식과 믿음도 어울리지 않는다. 야고보는 이렇게 말했다. "내 형제들아 영광의 주 곧 우리 주 예수 그리스도에 대한 믿음을 너희가 가졌으니 사람을 차별하여 대하지 말라"(약 2:1). '편애' 혹은 '편견', '차별'에 해당하는 헬라어는 참 재미있는 단어다. 이 단어는 기본적으로 '누군가의 얼굴을 받다'를 의미한다. 그러니까 문자적으로 해석하면 야고보는 "얼굴을 받지 말라."라고 말한

것이다. 다시 말해 겉으로 드러난 외모로 사람을 차별하지 말라는 뜻이다.[1]

또한 이 단어는 복수형으로, 그리스도인이라면, 옷 또는 재산, 피부색, 출신 등 다른 외적인 요소로 차별해서는 안 된다는 뜻이다. 우리는 **외모, 억양, 나이, 재산, 집안, 친밀감, 업적**에 따라 편애한다. 또한 다른 이들은 편파적으로 보면서 정작 자신은 그렇게 보지 않는 경향도 있다. 이처럼 사실 우리는 모두 맹점을 가지고 있다.

미국의 인종주의도 교회 내 명백한 문제였다. 주일 오전은 '미국에서 가장 인종 차별적인 시간'이라 불렸으니 말이다. 용납할 수 없는 비극이다. 하지만 나도 특정한 '억양'을 쓰는 사람을 상대로 거들먹거리는 사람을 본 적이 있다. 마치 그 억양을 쓰는 것이 똑똑하지 않거나 교육받지 못했음을 의미하는 것처럼 말이다. 이전 세대 그리스도인이 다음 세대 리더에게, 또 젊은 성도가 나이 든 성도에게 차별하는 표현을 쓰는 것도 여러 번 보았다. 부자들이 교회 안에서 권력을 갖거나 그들의 목소리가 다른 사람들보다 더 크게 들릴 때도 있었다. 사람들은 친밀한 정도에 따라 편견을 가졌고, 단지 그룹원들과 관심이 다르다고 해서 소그룹에 소속되지 않으려 하기도 했다.

모든 다름은 우리가 누구인지 보여 준다는 점에서 중요하지만, 그것이 전부는 아니다. 하나님은 마음의 중심을 보시기 때문이다

(삼상 16:7). 복음은 특정 사회 집단에 대한 세상적인 평가와 우월감을 없앤다(참고, 갈 3:28; 행 10:34, 35).

그렇다면 편애하려는 우리의 자연적인 경향성을 어떻게 억제할 수 있을까? 바로, 우리의 시선을 예수님께 고정시키면 된다. 야고보는 예수님을 "영광의 주"라고 불렀다. 오직 그리스도만이 모든 영광을 받으신다. 부유한 자, 매력적인 자, 성공한 자를 우상으로 삼지 말라. 그리스도만 예배하라. 영광스러운 분이신 예수님을 경외하라. 참된 영광을 보라. 그 영광은 부유한 자에게도, 유력한 자에게도, 인기 있는 자에게도 없다. 오직 주님께만 있다. 우리가 예수님의 영광에 사로잡힌다면, 더는 사람들에게 아첨하지 않을 것이다.

우리 옆에 앉으세요

야고보는 한 장면을 통해 교회 안에 있는 편애를 보여 준다. 그것은 바로 가난한 자는 모욕하고 부유한 자는 좋아하는, '환대하지 않는 예배 태도'다. 이는 계층 차별이고, 여전히 세계 곳곳에서 발생하는 주요한 문제다. 보라, 안내를 맡은 성도가 큰 반지를 낀 남자는 좋은 자리에 데려가고 가난한 사람은 바닥에 앉힌다.

"만일 너희 회당에 금 가락지를 끼고 아름다운 옷을 입은 사람이 들어오고 또 남루한 옷을 입은 가난한 사람이 들어올 때에 너희가 아름다운 옷을 입은 자를 눈여겨 보고 말하되 여기 좋은 자리에 앉으소서 하고 또 가난한 자에게 말하되 너는 거기 서 있든지 내 발등상 아래에 앉으라 하면 너희끼리 서로 차별하며 악한 생각으로 판단하는 자가 되는 것이 아니냐"(약 2:2-4).

가난한 자가 앉아야 할 장소를 안내받아야 한다는 사실은 그가 '방문자'임을 의미한다. 아니면 새로운 회심자일 수도 있다. 어떤 경우이건, 이런 행동은 가난한 자와 어려운 자를 환대하라는 그리스도의 가르침을 어긴 것이다(눅 14:12-14). 환대하지 않는 태도는 편애하지 않으시는 하나님의 따뜻한 본성과 어긋난다(참고. 신 10:17-19; 레 19:15b-18, 33, 34; 사 55:1-3). 야고보는 그런 태도에 대해 결점이나 약점일 뿐만 아니라 '악하다'고 말한다(약 2:4b).

몇 년 전, 청소년 사역자로 한 교회 예배에 참석했던 적이 있다. 금요일과 주일에는 청소년들에게, 주일 오전에는 장년들에게 설교해 달라는 부탁을 받았다. 하루는 교회에 다닌 적 없는 한 십 대 소녀가 청소년부 토요 모임에서 그리스도를 믿는다고 고백했다. 다음 날인 주일 아침, 그 아이는 난생 처음으로 교회 예배에 왔다. 그런데 자리에서 쫓겨나고 말았다. (교회 학생 수에 불만을 느낀 것 같은) 교인 두 명이 무례하게도 "네가 우리 자리에 앉았어. 다른 자리를 찾아보거라."라고 말했기 때문이다. 이 어린 신자를 위로해야 했던 청소년부 담당 목사로서 나는 이 보고를 받고 너무 슬펐다.

당신도 저들이 어린 그리스도인을 대하는 모습에 놀랐을 것이다. 그런데 다른 배경을 가진 사람들을 당신은 어떤 **태도**로 대하는지 자문해 보라. 당신은 "우리 옆에 앉아." 혹은 "가서 저들 옆에 앉자." 하는 사람인가, 아니면 "저들이 다른 데 앉으면 좋겠어." 혹은 "우리 다른 데 가서 앉을래?" 하는 사람인가? 낯선 사람을 향해 기쁘게 다가가는가, 아니면 조용히 자리를 뜨는가?

편애가 큰 문제인 이유

나는 수년 동안 교회에 관한 책을 꽤 많이 읽었지만, 교회 안 편애와 편견의 문제를 도외시하는 책이 많았다. 그래서 나는 이 문제를 책의 앞부분에 놓았다. 몇 년 전에 나는 "에클레시아"라는 이름으로 컨퍼런스를 열었다. 인기 있는 그리스도인 강사이자 리더인 러셀 무어(Russell Moore)에게 강연을 부탁했다. 그가 강해한 말씀은 야고보서 2장이었다. 나는 '어? 나라면 이 구절을 먼저 다루지 않았을 텐데!'라고 생각했다. 하지만 그 강의가 나를 비롯한 사람들에게 어마어마한 영향을 미쳤기 때문에 지금은 그의 선택을 기쁘게 받아들인다. 이 편애와 편견의 문제는 하나님께 정말 중요하다. (왜냐하면 그분의 형상대로 창조된 모든 사람이 그분에게 중요하기 때문이다.) 그리고 우리에게도 중요해야 한다!

좋으신 하나님 아버지는 우리의 유익을 위해 우리를 가르쳐 주시는데, 그때 하나님은 우리에게 명령하지 않으시고 성경을 통해 이유를 알려 주신다. 야고보서에서 하나님이 우리에게 알려 주시는 것은 교회 안에서 차별하면 안 되는 중요한 이유, 적극적인 표현으로 바꾸자면, 구성원을 환대하는 교회가 되어야 하는 네 가지 이유다.

첫째, **편애는 하나님의 은혜를 드러내지 못한다**(약 2:5a). 야고보는 하나님께서 가난한 자를 택하셔서 "믿음에 부요하게" 하셨다고 말했다(참고. 고전 1:26-31). 초대 교회에서는 정말 이런 일이 일어났다. 복음은 주요 도시가 아닌, 그 주변에서 폭발하고 있었다.

AD 178년경, 그리스 철학자 켈수스(Celsus)는 기독교가 평범한 사람들을 끌어들인다고 비난하며, 그리스도인들에 대해 이렇게 조롱했다.

> 교양 있는 사람, 지혜로운 사람, 감각 있는 사람은 가까이 오지 못하게 하라. 우리는 그런 모든 것을 악으로 간주한다. 하지만 무지하거나, 감각이나 교양이 부족하거나, 어리석은 사람이 있다면, 그는 담대히 오게 하라. … 양털 짜는 사람, 신발 수선하는 사람, 헝겊 다듬는 사람, 저속한 무식쟁이들까지, 우리는 그들의 집을 찾아간다. … [그리스도인들은] 마치 박쥐 떼와 같다. 굴을 떠나 살금살금 움직이는 개미 떼와 같다. 늪 주위에서 합창하는 개구리 떼와 같다. 진흙에서 모이는 지렁이 떼와 같다.

켈수스의 비난에 대해 다음 주일 모임에서 "지렁이 모임에 오신 형제자매 여러분을 환영합니다."라고 반응하는 목사를 상상해 보라.

분명히 말하지만, 부자가 배제된다는 뜻이 아니다. 성경에는 부유한 신자들도 나온다! 그러니까 내 말은, 당신은 '심령이 부유한' 혹은 '심령이 중산층인' 상태가 아니라 '심령이 가난한' 상태로 그리스도께 나아온다는 것이다. 하나님께서 당신을 환대하신다는 사실을 절대 잊지 말라. 당신이 파산해서 아무것도 드릴 것이 없더라도 하나님은 당신을 환대하신다. 그리스도는 당신을 씻기고 그분의 아름다운 은혜의 옷을 입히신다. 당신은 이런 진리에 따라 타인과 교제해야 한다.

둘째, **편애는 하나님 나라를 드러내지 못한다**(약 2:5b-7). 가난한 자가 믿음에 부요하게 될 뿐만 아니라 "나라를 상속으로 받게" 된다. 하나님 나라에서는 모든 것이 뒤집힌다. 하나님은 가난한 자를 그리스도인의 지위로 역전시키셨다(참고. 눅 1:53). 그리고 언젠가는 성도의 영광스러움에 관한 완전한 진리가 계시되고, 마지막 날에는 깜짝 놀랄 일들이 벌어질 것이다. 당신은 그때에 가난한 경비원, 가난한 농부, 고군분투하는 싱글 맘이 유명한 목사보다 더 큰 영광을 받는 모습을 발견할 것이다.

앞에서 이미 살펴보았듯이, 교회는 하나님 나라의 작은 대사관이다. 우리는 하나님 나라가 어떤 곳인지 세상에 보여 줘야 한다.

하나님 나라의 시스템은 이 세상과 다르다. 교회 안에서는 공식적인 교육을 받은 적이 없어도 성숙한 믿음을 가졌다면 가난한 사람도 갓 신자가 된 똑똑한 박사를 지도할 수 있다.

야고보가 살던 시대에, 부자 그리스도인은 가난한 그리스도인을 홀대했다. 그래서 야고보는 그렇게 불신자처럼 행동하는 교인들을 꾸짖었다. 당시 교인들은 예수님의 사람들을 존중함으로써 그분의 영광스러운 이름을 드러내야 했는데 그러지 못했다. 오늘날에도 여전히 교회가 가난한 신자를 여러 가지 방식으로 홀대한다. 예를 들면, 가난한 지역에는 교회 개척을 하지 않는다든지, 가난한 동네 밖으로 교회를 옮긴다든지, 교회의 다양한 활동에서 가난한 신자의 의견은 평가 절하한다든지, 교회의 프로그램과 일정을 짤 때 가난한 신자를 고려하지 않는다든지, 가난한 신자에게 교회의 훈련과 리더십 기회를 동등하게 주지 않는다든지, 부자에게 교회의 의사 결정을 통제하게 한다든지 등이다. 언급한 것들은 정말 일부에 불과하다.

셋째, **편애는 이웃을 우리 몸과 같이 사랑하라는 하나님 나라의 법을 드러내지 못한다**(약 2:8-12). 그리스도인인 우리는 왕실의 이름을 가진 자로, 왕실의 법도를 따라 살아야 한다. 그 법도는 바로 우리 이웃을 우리 몸과 같이 사랑하라는 법이다. 예수님은 우리 이웃에는 이방인과 원수도 포함된다고 가르쳐 주셨다. 간단하고 명확하게 말하자면, 교회의 문을 열고 들어오는 자를 차별하는 것은 불법이라는 뜻이다. 그들이 어디 출신이건, 생김새가 어떠하건 말이다(9절). 이를 어기면 온 율법을 어기는 것이라고 야고보는 말한다(10절). 율법은 하나로, 모든 법이 하나님과 이웃을 사랑하라는 법에 긴밀히 연결되어 있다. 그러니까 우리 이웃을 환대하지 않고 사랑하지 않는 것은 율법을 주신 분인 하나님께 범죄를 저지르는 것이다(11절).

또한 야고보는 우리가 말과 행동에 책임을 져야 한다는 사실을 기억하라고 말한다. 따라서 우리는 하나님의 심판을 생각하며 말하고 행동해야 한다(12절). (어떤 이유로든) 가난한 자를 모욕하는 일은 하나님께 작은 일이 아니다.

우리는 "자유의 율법" 아래 심판받을 것이다(12절). 분명히 말하지만, 우리가 그리스도인이 된 것은 우리의 공로가 아니다. 그리스도의 공로 덕분이다. 이제 예수 그리스도 안에 있는 자에게는 결코 정죄함이 없다(롬 8:1). 하지만 그렇다고 해서 우리가 율법에서 해방되는 것은 아니다. 우리는 율법과 새로운 관계를 맺는다. 율법은 더 이상 우리를 위협하고 억압하는 짐이 아니다. 그렇다, 이제 우리는 성령님의 능력을 힘입어 하나님의 뜻을 기쁘게 추구할 수 있게 되었다.

죄는 그리스도인을 노예로 부리지만, 순종은 그리스도인을 자유롭게 한다! 야고보서에서 말하는 불쌍히 여겨야 할 사람은 부자들에게 아첨하는 안내인이다. 그들은 실제로 노예다. 만약 그들이 진실로 이웃을 사랑한다면, 자유를 경험할 것이다. 노예 제도라는 악습에서 노예가 되는 것은 노예들만이 아님을 기억하라. 더 깊은 차원에서, 노예 소유주와 노예 제도의 주동자도 노예가 된다. 그들은 다름 아닌, 죄의 노예다. 복음에 힘입어 순종하는 삶을 살 때, 우리는 진정한 자유를 얻게 될 것이다.

마지막으로, **편애는 우리를 향한 하나님의 긍휼을 드러내지 못한다**(약 2:12). 야고보는 다음과 같이 결론을 맺는다. "긍휼을 행하지 아니하는 자에게는 긍휼 없는 심판이 있으리라"(13절). 야고보는 예수님의 팔복을 뒤집는다. 그는 "긍휼히 여기는 자는 복이 있나니 그들이 긍휼히 여김을 받을 것임이요"(마 5:7)를 반대로 **"긍휼히 여기지 않는 자는 저주가 있나니 그들이 긍휼히 여김을 받지 못할 것임이요."**라고 한 것이다. 이 말을 듣고도 계속 편애한다면, 그들은 삶의 끝에서 결국 '긍휼 없는' 심판을 받을 것이고, 그들에게는 구원받는 믿음이 전혀 없음을 증명하게 될 것이다.

하지만 "긍휼은 심판을 이기고 자랑"한다(약 2:13b). 신자가 긍휼을 베푼다는 것은 그들이 최후 심판에서 무죄로 여겨질 것이란 뜻으로 볼 수 있다. 그들 '안에' 있는 하나님의 긍휼이 그들 '에게서' 긍휼의 행위가 흘러나오게 하고, 그들이 하나님의 최후 심판에서 넘어지지 않고 서게 할 것이다. 하나님의 은혜가 우리 마음에 들어오고 나서야, 비로소 우리는 사람들을 자비와 은혜로 대하고, 하나님 나라의 세계관으로 살며, 진실로 이웃을 사랑하고, 우리를 향한 하나님의 놀라운 긍휼을 다른 이들에게 비추게 될 것이다. 그러니까 언제나 그렇듯이, 모든 것은 결국 복음으로 돌아온다.

그리스도의 은혜는 환대하는 백성을 낳는다

마이클 버드(Michael Bird) 교수는 자신의 로마서 주석에서 데이비드 앤더슨(David Anderson)의 '은혜주의'(gracism)라는 용어를 사용해 바울이 강조한 유대인과 이방인 신자의 하나 됨을 설명한다.

은혜주의는 피부색, 계층, 문화와 상관없이 다른 사람에게 베푸는 호의를 의미한다. 그렇다, '은혜주의'는 그 어떤 주의보다도 더 진부하게 들린다. 하지만 이것은 사실이다. 은혜주의 안에서는 누구도 교회 버스 맨 뒷좌석에 앉으라고 요구당하지 않는다. 그 안에서 우리는 "평등하지만 구별된다."라고 결코 말할 수 없다. 은혜주의는 우리가 의도적으로 다민족·다인종과 교제를[1] 나눠야 한다는 뜻이다. 이는 하나님과 화목하게 된 죄인인 우리도 이제 서로를 화목하게 하는 자가 될 수 있음을 의미한다. 은혜주의는 모든 계급 제도를 급진적으로 허문다. 그리고 우리로 하여금 다른 사람에게 은혜를 퍼뜨리고 실천하게 한다. 은혜주의는 타인을 그리스도 안에서 우리의 형제자매로 맞이하는 것이며, 우리의 원수를 가장 효과적으로, 가차 없이 파괴하는 방법이다.[2]

우리를 향한 예수님의 은혜 덕분에 우리는 '은혜주의자'로 살 수 있게 되었다. 우리가 영적으로 어디에서 왔는지 기억한다면, 우리는 하나님께 감사하고 타인을 사랑하는 은혜의 백성이 될 수 있다. 그리스도 안에서 우리에게 주어진 은혜에 대한 적절한 반응은, 타인에게 은혜를 확장하는 것이다. 은혜의 복음을 마음 깊이 새긴 사람은 환대와 따뜻함, 감사와 관대함, 기쁨을 표현한다.

우리는 단순히 창조 안에서 다른 이들과 하나인 것이 아니라, **이마고 데이**(*imago Dei*), 곧 하나님의 형상을 품고서 하나다. 동시에 우리는 단순히 아담 안에 있는 존재가 아니라, 아담 안에서 죄인이다. 이 사실 둘 다 참이다. 하지만 신자인 우리는 **그리스도 안의** 존재다. 전에는 멀리 있었지만 이제는 그리스도의 피로 가까워졌다(엡 2:13). 그런 하나 됨은 진실로 놀랍다. 예수님은 백화점에서 쇼핑하는 사람과 동네 슈퍼에서 쇼핑하는 사람을 하나 되게 하실 수 있다. 과학자와 운동선수, 예술가와 정치인, 내향인과 외향인, 양키스와 레드삭스 팬을 하나 되게 하실 수 있다. 은혜의 복음을 통해 세상을 볼 때, 우리는 환대하는 백성이 된다.

친절하게도 서문을 써 주신 레이 오틀런드 목사님은 내가 닮고 싶은 선배 목사님이다. 아내와 나는 종종 우리 부부가 오틀런드 목사님 부부처럼 되고 싶다고 말하곤 한다. 레이 목사님은 일흔이 넘었어도 그리스도인의 열정을 사방에 퍼뜨리는 분이다. 어느 주일, 목사님은 오전 예배에서 강력한 '환대'를 베푸셨다. 물론 전에도 레이 목사님이 주일 오전 환대 시간에 사람들에게 하나님의 은혜를 전하는 모습은 여러 사람의 이목을 끌었다. 그런데 특히 그 주일에는 교회 소셜 미디어에 목사님이 그리스도의 친절함과 사랑을 보여 주는 모습이 공유되었다. 목사님은 강단 너머로 상체를 구부려서 신실하고 사려 깊게, 은혜로운 목소리로 이렇게 말했다.

교회에 오신 걸 환영합니다. 여러분이 이해해 주셨으면 하는 것이 하나 있어요. 예배당에 들어오면서 이미 알아채셨을지 모르겠는데요, 저 문이 붉게 칠해져 있죠. 저건 기독교의 오랜 전통이랍니다. 우리가 그리스도의 보혈을 통해 교회 안으로 들어오기 때문이에요.

우리가 일주일의 나머지를 사는 세상 밖 저기에서는요, 우리는 결코 기대에 부응하시 못합니다. 우리의 삶은 결코 완전하지 못해요. 온전히 받아들여지지도 못하고요. 그래서 우리는 그리스도께서 십자가에서 완수하신 과업을 통해 교회 안으로 들어옵니다. 여기에 차이가 있어요. 우리가 받아들여질 수 있는 이유는요, 우리가 이미 완성된 완전함 속으로 들어왔기 때문이에요. 그래서 우리는 약해도 괜찮습니다. 우리 자신에게, 서로에게, 주님에게 솔직해도 괜찮습니다. 주님은 말씀하세요. "우리는 하나란다."

환영합니다.

지쳐서 쉼이 필요한 모두에게…

슬퍼서 위로를 갈망하는 모두에게…

실패해서 용기를 바라는 모두에게…

죄를 지어서 구주가 필요한 모두에게…

이 교회는 죄인들의 친구이신 예수님의 이름으로
저 붉은 문을 활짝 엽니다.

환영합니다. 여러분을 여기서 뵈니 참 기쁩니다. [3]

"그리스도께서 우리를 받아 하나님께 영광을 돌리심과 같이 너희도 서로 받으라"(롬 15:7)는 바울의 명령을 이렇게 아름답게 적용하다니! 이 정신이 전 세계 수많은 그리스도인의 삶에서 구현됨으로써 확장되고 퍼져 나가는 모습을 상상해 보라. 이런 은혜와 따뜻함은 예수님의 사역을 드러낸다. 예수님은 다른 사람들이 외면하는 사람들을 환대하시고, 정반대로 행동하는 자기 백성을 향하여는 꾸짖으신다.

은혜의 수혜자는 이렇게 고백한다. "배고플 때, 예수님이 저를 만족시켜 주셨습니다. 목마를 때, 예수님이 저의 생수가 되셨습니다. 헐벗었을 때, 예수님이 의의 옷으로 저를 덮어 주셨습니다. 갈 곳이 없어 방황할 때, 예수님이 저를 환대하셨습니다. 감옥에 갇혔을 때, 예수님이 저를 찾아오셨습니다. 병들었을 때, 예수님이 저를 치료하셨습니다. 그분의 식탁에 갈 자격이 없었을 때, 예수님은 저를 자녀로 삼으시고 그 자리에 앉히셨습니다."

영광의 주님께서 당신을 환대하셨으니, 당신도 교회 모임과 가정과 삶 속에 들어오는 타인을 편견 없이 환대하는 교인이 되라.

환대하는 교회는 복음을 전할 뿐만 아니라 관계에서 따뜻함을 전달한다. 우리는 그리스도의 영광스러운 이름을 품은 다양한 가족 안에 들어왔다. 그리고 그리스도의 은혜와 긍휼로 우리 자신과 다른 모든 사람들에 대한 생각을 변화시켜 그분의 이름을 영화롭게 하도록 부르심을 받았다.

그러므로 나는 당신이 환대하는 교회(다양한 사람들이 복음 안에서 하나 된 교회)의 일원으로서 당신의 역할을 잘 감당했으면 좋겠다. 이를 위해 몇 가지 방법을 제안한다.

실천 사항

다음을 읽고, 당신의 실천 계획을 세우십시오.

- **그리스도께서 당신을 얼마나 따뜻하고 은혜롭게 환대하셨는지 정기적으로 묵상하라.**
  그런 온기와 따뜻함으로 타인을 환대하라.

- **마음속에 교만이나 편견은 없는지 살펴 달라고 하나님께 구하라.**
  딱 한 가지, 당신이 버려야 할 것은 당신을 옭아매는 죄다. 그러니 회개하고, 예수님을 더욱 닮아 가도록 하나님께서 당신을 변화시키시게 하라.

- **모임 중에 혼자 있는 사람들을 찾아보라.**
  리베카 매클로플린(Rebecca McLaughlin)은 최근에 자기 소셜 미디어에 관계를 맺는 세 가지 법칙을 올렸다. "(1) 우리 모임에서 혼자 있는 사람은 위급하다. (2) 친구는 기다릴 수 있다. (3) 새로 온 사람을 누군가에게 소개하라. 오늘 우리 모두 교회 안 선교사가 되자!"[4] 쇼를 구경하러 온 관객처럼 예배에 참석하지 말라. 기꺼이 환대하고 축복하는 사역자로 참여하라.

- **환대하는 사역에 자발적으로 참여하라.**
  당신의 교회에는 성도 맞이, 어린이 돌봄, 주차 봉사, 좌석 안내 등의 팀이 있을 것이다. 이런 사역의 중요성을 과소평가하지 말라! 환대할 때, 당신은 하나님의 성품과 성경의 주제를 드러내게 된다. 당신의 마음속 복음의 열매를 내보이는 것이다.

- 죄인들의 친구이신 예수님의 사역이 드러나도록, 목사와 교인을 위해 진정으로 기도하라.
  환대받으며 하나님 나라로 들어온 우리가, 그분의 은혜로운 환대를 내보이게 되기를 기도하라.

토론 가이드

야고보서 2장 1-13절을 읽으십시오.

1. 야고보는 편애가 무익할 뿐만 아니라 옳지 않다는 사실을 어떻게 보여 줍니까 (4-7절)?

2. 편애는 왜 그렇게 심각한 일입니까(8-13절)?

3. 편애가 다른 사람뿐만 아니라 하나님의 명예까지도 실추하는 이유는 무엇입니까? 거꾸로, 편애하지 않는 것이 하나님의 성품과 역사를 드러내는 이유는 무엇입니까?

4. 당신은 어떤 종류의 편애가 특히 유혹이 됩니까? 당신과 당신의 교회는 무엇을 근거로 차별하는 것 같습니까?

5. 외부인을 환대하는 방법에 있어서 당신의 교회의 강점은 무엇입니까? 그것을 어떻게 더 향상시킬 수 있습니까?

6. 당신이 직접 환대할 수 있는 방법은 무엇입니까? 교회 모임에서와 주중 생활에서 당신의 말과 행동에 필요한 변화는 무엇입니까?

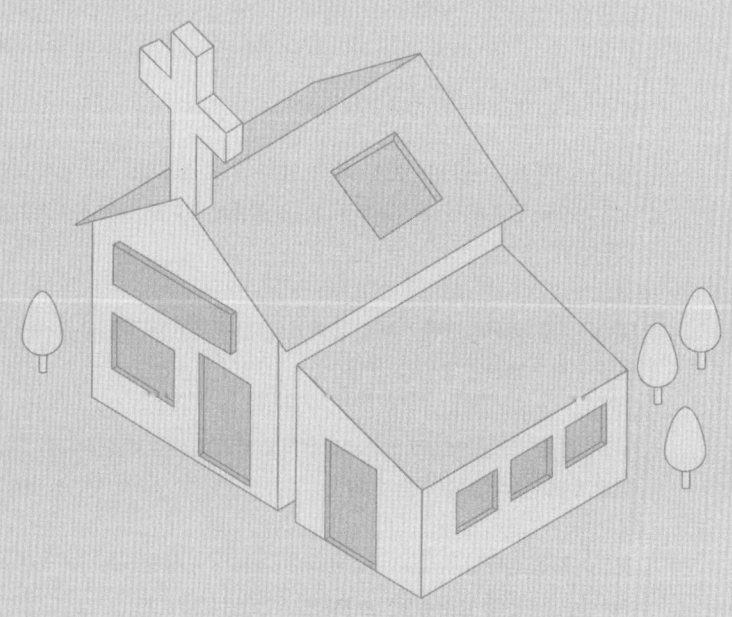

토니 메리다 목사님의
3장 가이드 영상으로 연결됩니다.

3.
모임: 공동 모임의 가치
Gathering

교회는 당신이 방문하는 건물과 참석하는 예배 그 이상을 의미한다. 하지만 그것이 예배를 위해 함께 모이는 게 중요하지 않다는 뜻은 아니다. 모임은 중요하다. 왜냐하면 우리가 함께 모일 때…

"너희가 이른 곳은 시온 산과 살아 계신 하나님의 도성인 하늘의 예루살렘과 천만 천사와 하늘에 기록된 장자들의 모임과 교회와 만민의 심판자이신 하나님과 및 온전하게 된 의인의 영들과 새 언약의 중보자이신 예수와 및 아벨의 피보다 더 나은 것을 말하는 뿌린 피니라 … 그러므로 우리가 흔들리지 않는 나라를 받았은즉 은혜를 받자 이로 말미암아 경건함과 두려움으로 하나님을 기쁘시게 섬길지니 우리 하나님은 소멸하는 불이심이라"(히 12:22-24, 28, 29).

성도의 모임은 제자도의 핵심일 뿐만 아니라 구원받은 하나님의 백성이 모두 모여서 어린양을 찬양하게 될 장래의 모임에 대한 맛보기다(계 5장). 공동으로 모이는 일은 우리의 경건 훈련과 성장에 있어 중요하고, 불신자에게 복음을 권하는 중요한 방법이다.

다시 사도행전으로 돌아가서 잊지 못할 예배가 있었던 드로아라는 지역으로 가 보자.

"그 주간의 첫날에 우리가 떡을 떼려 하여 모였더니 바울이 이튿날 떠나고자 하여 그들에게 강론할새 말을 밤중까지 계속하매 우리가 모인 윗다락에 등불을 많이 켰는데 유두고라 하는 청년이 창에 걸터 앉아 있다가 깊이 졸더니 바울이 강론하기를 더 오래 하매 졸음을 이기지 못하여 삼 층에서 떨어지거늘 일으켜보니 죽었는지라 바울이 내려가서 그 위에 엎드려 그 몸을 안고 말하되 떠들지 말라 생명이 그에게 있다 하고 올라가 떡을 떼어 먹고 오랫동안 곧 날이 새기까지 이야기하고 떠나니라 사람들이 살아난 청년을 데리고 가서 적지 않게 위로를 받았더라"(행 20:7-12).

이 이야기가 재미있는 이유는, 우리도 강의, 영화, 설교 중에 서서히 잠에 빠져드는 경험을 해 봤기 때문이다(정직해지자!). 목사인 내 친구도 예전에 멘토의 집에서 기도하다가 잠에 든 적이 있다. 한번은 주일에 예배를 마치자 한 노신사에게서 문자가 왔다. "목사님, 오늘 목사님이 설교하시는데 잠들어서 죄송합니다. 정말 피곤했어요." 그러고는 덧붙였다. "목사님은 설교하다 보면 언제나 잠든 사람들을 보게 되시겠지만요, 저는 대개 깨어 있답니다. 복용약을 바꾸었는데 그래서 깨어 있지 못했나 봐요. 감사합니다, 목사님!" 나는 그 문자를 '어떻게 대답할지 모르겠음' 폴더에 넣어 놓았다. ('칭찬에 감사' 폴더에 넣어야 했나?)

그래서 나는 이 말씀에 담긴 현실성이 좋다. 위대한 설교자도 누군가를 잠들게 했다는 사실은 설교자인 나에게 언제나 위로가 된다! 하지만 드로아 이야기는 이런 희극적인 안도감보다 더 큰 것을 준다. 바로 세월이 흘러도 변하지 않는, 예배에 관한 중요한 원칙과 우선순위가 그것이다.

그 주간의 첫날에

누가는 "그 주간의 첫날에" 교인들이 예배를 위해 모였다고 말한다(행 20:7a). 브루스(F. F. Bruce)는 이렇게 주해했다. "우리가 가진 초기 문헌에는 '그 주간의 첫날에' 떡을 떼기 위해 모였다는 언급이 있다. 여기서 우리는 그리스도인들이 그날도 정기 예배를 위해 함께 모였다는 사실을 합리적인 확신을 갖고 추론할 수 있다."[1]

이날은 주님의 부활에 의해 '주일'로 구별되었다(참고. 계 1:10; 고전 16:1, 2). 이처럼 우리는 무덤이 비었고 예수님이 보좌에 오르신 영광스러운 사건을 기억하기 위해 모인다. 살아 계신 구주 안에 우리의 산 소망이 있음을 기억하기 위해 모인다. 누군가 세례받는 것을 볼 때, 우리는 부활하신 그리스도와의 영광스러운 연합을 떠올린다. 그런 의미에서 모든 주일은 그리스도인에게 부활의 주일이다.

누가가 드로아에서의 이 사건을 묘사하는 방식은 그 주간의 첫 날에 있던 이 모임이 당시 교회 예배 모임의 표준이었다는 인상을 준다. 드로아의 이 교회는 저녁에 모였다. 아마도 기본적인 생활과 근무 일정 때문이었을 것이다. 이후의 역사를 보면, 기독교 문화가 지배하는 지역에서는 주일 오전이 인기를 얻게 되었다. 어쨌거나 우리가 만나는 시간이 언제이건, 우리는 이 말씀에서 '매주 함께 모여서 부활하신 왕의 영광을 찬양했다'는 큰 틀을 봐야 한다. 그리스도께서 죽으셨고 부활하셨으며 다시 오시리라는 복음을 함께 모여 찬양하는 일은 매우 특별하고 의미 있다.

게다가 예배를 위해 함께 모일 때, 우리는 거기서 어떤 놀라운 일이 일어날지 전혀 알 수 없다. 창문 밖으로 누군가가 떨어졌다가 다시 살아날 줄이야! 드로아에서 젊은 청년이 다시 살아난 저녁에, 그 자리에 없어서 생생하게 경험하지 못한 그리스도인들은 얼마나 아쉽겠는가!

그렇다고 예배를 삶의 규칙적인 부분으로 만들기 위해 주일마다 특별한 경험을 할 필요는 없다. 오히려 습관이 당신을 만든다. 일반적인 주장과는 반대로, 습관이 항상 부정적인 것은 아니다. 많은 습관이 선하고 (양치를 하는 것처럼 말이다!) 매주의 모임도 선하다. 히브리서 저자는 "어떤 사람들의 습관과 같이" 함께 모이기를 소홀히 하지 말라고 가르친다(히 10:25). 오히려 우리는 "오직 권하여 그 날이 가까움을 볼수록 더욱" 정기적으로 모여야 한다고 말한다. 당신의 역할에 주목하라. "오직 권하여"라고 했다. 앉아서 차를 홀짝거리기보다, 형제자매를 축복할 뜻깊은 격려의 말을 준비하라. 성경을 연구하고, 주님께 임재를 구하며, 죄를 고백하고 회개하며, 예수님을 따르겠다고 새롭게 결단하라. 그리고 그들을 환대할 준비를 하라.

사실 정기적으로 모이지 않으면 당신에게 위험하다. 공동 모임은 하나님이 자기 백성이 지속적으로 순종할 수 있도록 유지하고 복 주시는 한 가지 방법이다. 나는 매주 모임에 나오는데도 신앙이 자라지 않는 그리스도인을 만날 때가 있다. 하지만 모임에 나오지 않으면서도 신앙이 자라는 그리스도인은 만난 적이 없다. 그러니 3장의 나머지 부분에서는 우리의 영혼을 살찌우고 신앙을 키우는 예배의 중요한 요소들을 살펴보자.

하나님의 말씀을 들음

누가는 사도행전 20장 7절에서 바울이 드로아교회에서 늦은 밤까지 강론했다고 말한다. 11절에서는 날이 새기까지 '이야기'했다고 덧붙인다. 설교 앞부분은 질의응답을 포함해 대화가 많았을 것이다. 반면 뒷부분은 공식 설교보다는 자유롭고 개방적이지만 그래도 독백이 많았을 것이다.² 유례없는 사건이 있긴 했지만, 그래도 성도들은 사도의 가르침을 듣고 싶어 했고(참고. 행 2:42) 바울은 그 책임을 진지하게 받아들였다.

오늘날에도 우리는 매주 모여 선포되는 하나님의 말씀을 듣는다(딤후 4:2; 벧전 4:11). 바울은 예배에 관해서 다음과 같이 디모데에게 지시했다. "내가 이를 때까지 [성경을 공동으로] 읽는 것과 권하는 것과 가르치는 것에 전념하라"(딤전 4:13, 개역개정에는 번역되지 않았으나 영어 성경에는 'public reading of Scripture'라고 번역되었다.-편집자 주). 이 구절은 설교자의 권위의 원천(성경)과 성경 강해(권고와 가르침)와 (공동) 예배에서 성경을 설교하는 것의 의미를 강조한다.

왜 설교를 듣는가? 하나님이 성경에서 무엇을 말씀하셨는지, 그리고 그분의 아들 안에서 어떤 일을 행하셨는지 설교자가 진실로 선포하고 있다면, 그는 당신에게 권위의 말씀, 즉 삶을 변화시키는 복음의 말씀을 전하고 있는 것이다. 설교자의 권위는 연차나 경험이 아니라, 그가 성경을 가르치는 자라는 사실에서 나온다! 삶을 변화시키는 설교의 능력은 설교자의 재능이나 카리스마가 아니라, 궁극적으로 사람의 마음에 말씀을 적용시켜 주시는 성령님께로부터 나온다. 삶은 "살아 있고 항상 있는 하나님의 말씀"을 통해서 변화된다(벧전 1:23).

내 사무실에는 루카스 크라나흐(Lucas Cranach)가 독일의 종교개혁자 마르틴 루터(Martin Luther)의 설교 장면을 그린 작품의 모작

이 있다. 그 그림은 루터가 한 손가락으로 성경의 본문을, 한 손가락으로는 그리스도를 가리키는 모습과 청중이 저 유명한 설교자가 아닌 예수님께 초점을 맞추고 있는 모습을 그린 것이다. 이는 우리가 어떻게 예배해야 하는지 보여 주는 좋은 작품이다. 설교자는 자기 생각이나 견해를 알리는 것이 아니라, 신중하게 성경 본문의 의미를 설명하고, 설교로 예수님을 높이는 것을 목표로 해야 한다. 래퍼 투팍(Tupac)이 부른 "모든 시선을 나에게"(All Eyez on Me)라는 곡을 빌려 설명하자면, 설교의 핵심은 "모든 시선을 예수님께" 돌리는 것이다.

느헤미야 8장에서 하나님의 백성은 부흥을 경험한다. 이 일은 그들이 학자 에스라가 설교하는 성경에 귀를 기울일 때 일어났다. 저자는 "뭇 백성"이 "귀를 기울였"다고 언급한다(느 8:3). 그들은 주의를 흩트리지 않았다. 배우려고 힘썼다. 그리고 그들이 배움에 따라 하나님의 말씀이 그들에게 영향을 끼쳤다. 성경이 당신을 변화시키게 하려면, 성경에 귀를 기울이고 성경을 이해해야 한다. 예수님은 우리 인생에서 듣는 태도가 대단히 중요하다고 가르쳐 주셨다(참고. 막 4:1-20). 하나님의 말씀 속 가르침을 잘 경청하는 몇 가지 방법을 소개한다.

- **겸손히** 경청하라. 말씀을 "온유함으로" 받으라(약 1:21). 겸손, 그것이 성경을 배우는 첫 번째 열쇠다. 성경 위에서 성경을 비판

하면 안 된다. 오히려 성경 아래 앉아서 성경이 우리를 마주하게, 우리를 가르치게, 우리를 변화시키게 해야 한다.

• **집중해서** 경청하라. 깨어 있기 위해 싸우라. 좋은 것을 들을 때 "아멘!"으로 응답하고 메모하라(느 8:6). 딴 생각하고 싶은 욕구와 싸우라. 초자연적이고 영원한 일은 지금도 일어나고 있다.

• **성경적으로** 경청하라. 베뢰아 사람들처럼 당신의 지성과 성경을 사용하라(행 17:10-15).

• **개인적으로** 경청하라. 다른 사람이 아닌 당신 자신을 위해 경청하라. 목사의 설교를 비판하러 오지 말고, 하나님의 말씀을 마음에 새길 준비를 하고 오라.

• **공동체적으로** 경청하라. 당신의 형제자매를 위해 경청하라.

• **순종함으로** 경청하라. 말씀을 그냥 받지 말고 실천할 준비를 하라. 열방을 제자 삼으려는 목적으로 경청하라.

• **실천적으로** 경청하라. 말씀을 당신의 삶에 적용할 방법이 무엇인지 구체적으로 생각하라.

• **감사함으로** 경청하라. 하나님께서 (당신을 포함해서!) 자기 백성
에게 말씀하신다는 사실에 감사하라.

유두고가 배운 것처럼, 예배 전날 밤에는 잘 쉬는 게 중요하다.
다른 중요한 행사를 준비하듯이 예배를 준비하라. 이 모임이 일주
일마다 반복된다는 이유로 당신과 당신의 교회 가족 모두에게 중
요한 이 모임이 훼손되지 않도록 하라.

이 목록은 우리에게 새로울 게 없다. 다 아는 것들이다. 그래서
묻는다. 당신은 그대로 실천하고 있는가?

성찬을 나눔

누가는 "우리가 떡을 떼려 하여 모였더니"라며 성찬을 언급한
다(행 20:7, 11). 성찬은 교회 생활의 또 한 가지 일상이다(참고. 고전
11:17-34, "너희가 함께 모여서"). 성찬은 아마도 그런 식사 상황에서
이루어졌을 것이다. 20세기 영국의 목사이자 신학자인 존 스토트
(John Stott)는 이렇게 말했다. "말씀과 성찬(주님의 만찬)은 드로아의
교회 때에 교회 사역에 포함되었고, 그 이후의 교회들은 보편적으
로 그 선례를 따랐다."[3]

성경에서 식사는 중요하다. 하나님은 에덴동산에서 아담과 하
와를 위해 먹을 것을 준비하셨다. 출애굽 때에는 하늘에서 만나를,
바위에서 물을 준비하셨다. 그 후 하나님께서 자기 백성을 데리고

가신 곳이 어디였는가? "젖과 꿀이 흐르는 땅"(출 3:17)이었다. 게다가 하나님의 백성이 애굽으로부터의 구원을 기억하는 방법도 유월절 만찬을 통해서였다. 그리스도께서 이 땅에서 사역하실 때에도 중요한 대화와 사건은 식사 중에 일어났다. 특히 예수님은 구속 사역을 이루러 가시기 전에 성찬을 제정하셨는데, 우리는 그 식사로써 그분의 희생과 그분의 나라를 기억한다. 우리는 이 식사를 주님의 만찬, 성찬, 유카리스트(Eucharist)라고 부른다. 이 식사는 장차 올 영광스러운 잔치를 예표한다(계 19장).

식사는 우리를 집으로 데려다주는 한 가지 방법이다. 나는 미트로프(meatloaf, 고기와 밀가루를 섞어 만든 요리-편집자 주)를 먹을 때마다 어머니를 떠올린다. 내가 갈 때마다 늘 나를 위해 그 요리를 해 주시기 때문이다. 또 아내와 나는 40일 동안 우크라이나에 머문 적이 있는데, 그때 우리는 맥도날드의 황금빛 아치를 보면 흥분했다. 보통 맥도날드를 보고 흥분하진 않지만, 그때는 그게 고향의 맛이었다. 이처럼 주님의 식탁에 모일 때, 우리는 본향을 미리 맛본다. 주님의 만찬에서 복음을 보게 된다. 하나님의 섭리를 묵상하고, 예수님의 용서를 음미하며, 죄와 슬픔이 사라질 그날을 고대하게 된다.

사도 바울이 드로아에서 그리스도인들과 더불어 누린 주님의 만찬은 얼마나 멋진 특권이었는지! 전에는 불신자들이었으나 지금은 예수님을 경배하는 자들이 함께 모여 주님의 선하심을 맛보고 복음을 보았다.

존 페이튼(John Paton)은 뉴헤브리디스 제도(호주 북동쪽 남태평양의 군도—역주)의 아니와 종족에게 복음을 전했다. 그가 제도에 오기 20년 전, 그들은 두 명의 선교사를 죽여서 인육을 먹었던 종족이었다. 많은 우여곡절 끝에, 페이튼은 아니와의 새신자들에게 첫 번째 성찬식을 거행했고, 아니아에서는 많은 이들이 그리스도를 알게 되었다. 그는 그때의 기쁨을 다음과 같이 기록했다.

> 우리는 수년 동안 이것을 위해 수고하고 기도하며 가르쳤다. 한때는 식인의 피로 얼룩졌었으나, 구세주의 사랑의 인치심을 받아 성찬에 동참하기 위해 내뻗은 그 검은 손에 떡과 포도주를 놓은 그 순간, 나는 내 마음을 산산이 부서뜨리고도 남을 영광의 기쁨을 맛보았다. 예수님의 영화로운 얼굴을 뵐 때까지 나는 그보다 더 깊은 기쁨을 결코 맛보지 못할 것이다.⁴

다른 신자들과 이런 성찬을 나누는 일은 얼마나 큰 특권인가! 그 놀라움에 절대로 익숙해지지 말라. 당신이 인육을 먹는 자는 아니었겠지만, 그래도 하나님께서 그리스도 안에서 당신을 살리시기 전에는 죄로 인해 죽어 있었기에, 당신도 이 식탁의 음식을 먹기에 합당하지 못한 자였다.

주님의 만찬은 강력한 **수용**이다. 많은 그리스도인이 성찬에 속하지 않은 것을 들으며 성장한다. 매번 진리의 한쪽 면만 들으면서, 성찬에 참여할 때 특별한 일이 일어나지 않는다고 생각하며, 성찬에 관해 얕은 소견을 갖게 된다. 하지만 우리는 주님의 만찬에 참여할 때 심오한 기쁨과 깊은 즐거움을 경험해야 한다.

또한 주님의 만찬은 강력한 **선포**다. 성찬에서는 이렇게 복음이 선포된다. 죄인을 위해 "우리의 유월절 양 곧 그리스도께서 희생되셨느니라"(고전 5:7 ; 11:26).

마지막으로, 주님의 만찬은 강력한 **하나 됨**이다. 고린도교회에 쓴 첫 번째 편지에서, 바울은 식탁에서의 하나 됨을 많이 언급한다. 왜냐하면 '가진 자'가 '못 가진 자'를 합당하게 대우하지 않았기 때문이다(고전 11:17-34). 성찬에서 우리는 그리스도와의 하나 됨을 고백한다. 우리는 모두 그리스도 안에서 하나며 가족이다. 차별이 없다. 이러한 하나 됨은 장차 있을 일에 대한 강력한 표지로, 주님의 만찬은 메시아의 통치에 대한 표지요, 미래에 대한 맛보기다. 우리가 성찬에서 주님의 죽으심을 "그가 오실 때까지" 선포하기 때문에(26절), 머지않아 우리는 왕과 모든 구원받은 자들과 더불어 잔치를 누릴 것이다(참고. 마 8:11).

드로아에서 세례가 이루어졌다는 기록은 없지만, 세례가 교회의 또 다른 '의식'임을 강조할 가치는 있다. 세례와 성찬은 가시적 교회를 불신 세계로부터 구별하는 표징이다.[5] 신자의 세례는 그리스도를 구주이자 주님으로 믿는 자들, 세례받는 물 안에서 그리스도를 따르겠다는 충성을 공적으로 선포하기를 열망하는 자들에게 행해진다. 신자들이 자기 간증문을 읽고 "예수님은 주님이십니다!"를 외친 뒤, 물속에 잠겼다가 올라오며 신자와 예수님의 연합을 보여 주는 날들은 늘 우리 교회에서 가장 기억에 남는 주일로 손꼽힌다. 우리가 교회에서 말하듯이, 우리는 세례를 받음으로 그리스도와 함께 장사되있고, 또한 새 생명 가운데서 행하려고 실리심을 받았다(참고. 롬 6:1-11).

하나님께 찬양하고 기도함

다른 중요한 예배의 요소 두 가지는 찬양과 기도다. 말씀 설교를 듣고 (성찬과 세례를 통해) 보이는 설교에 참여하면서 우리는 하나님께 귀를 기울인다. 그리고 찬양하고 기도하면서 하나님께 아뢴다.

첫째, 찬양이다. 예수님은 성찬을 제정하신 후 감람산으로 가기 전에 제자들과 함께 "찬미"하셨다(막 14:26). 찬양은 구약 성경을 가득 채운다. 하나님의 백성이 창조주이자 구세주이신 하나님을 높이며 찬양하기 때문이다(예를 들어, 출애굽기 15장과 시편들). 스바냐는 하나님께서 자기 백성으로 말미암아 즐거이 부르며 기뻐하신다고 말한다(습 3:17). 그리고 신약 성경에는 하나님의 백성이 하나님께 올려 드리는 수많은 송영(하나님을 찬양하는 체계적인 찬가, 예를 들어 롬 11:33-36; 16:25-27; 딤전 1:17)과 초기 찬송(골 1:15-20; 빌 2:5-11)이 있다. 성경의 마지막 권은 하나님과 어린양에 대한 찬양으로 가득하다(참고. 계 5장).

찬양은 하나님의 백성이 하나님께 드리는 예배에서 아주 중요한 요소다. 찬양, 곧 즐겁게 은혜를 찬양하는 것은 '해방된' 하나님의 백성이 드리는 것이다! 억압과 죄책은 경배를 불러일으키지 못한다. 오직 은혜로만 가능하다. 바울은 찬양과 관련해서 다음의 중요한 가르침을 준다.

"오직 성령으로 충만함을 받으라 시와 찬송과 신령한 노래들로 서로 화답하며 너희의 마음으로 주께 노래하며 찬송하며 범사에 우리 주 예수 그리스도의 이름으로 항상 아버지 하나님께 감사하며"(엡 5:18b-20).

"그리스도의 말씀이 너희 속에 풍성히 거하여 모든 지혜로 피차 가르치며 권면하고 시와 찬송과 신령한 노래를 부르며 감사하는 마음으로 하나님을 찬양하고"(골 3:16).

두 말씀은 찬양의 풍부한 **다양성**(시, 찬송, 신령한 노래)을 말하고, 모두 마음을 강조한다. 특히 에베소서 말씀은 **곡을 만드는 행위**를 강조하고, 골로새서 말씀은 우리가 노래하는 진리가 우리와 주변 사람을 세우기 때문에 찬양이 얼마나 중요한 **교육적 목적**을 갖는지 알려 준다. 이렇듯 두 말씀은 함께 찬양하는 일의 중요성을 보여 준다. 예배에서 찬양은 하나님께 직접 향하는 것이고 **동시에** 형제자매에게 향하는 것이다. 그러니 우리의 노래는 말씀 중심, 그리스도 중심, 공동체 중심이어야 한다.

공동체의 중요성은 오늘날 더욱 강조되어야 한다. 왜냐하면 함께 드리는 찬양에서 '나와 예수님'이라는 개인적인 감정이 매우 일빈화되었기 때문이다. 칭중에게 비치는 조명은 약하고 무내에 비치는 조명은 강하다. 아무도 예배당 안에 누가 있는지 볼 수 없다. 우리 교회인 이마고데이교회에서는 의도적으로 이런 콘서트 느낌(개인화된 경험)을 피한다. 조명을 밝혀 하나님께만이 아니라 서로를 향해서도 노래하고 있음을 성도들에게 일깨운다.

건강한 교회는 찬양하는 교회다. 기독교 역사에서 가장 위대한 시대는 찬송가가 만들어진 바로 그 시대다. 복음 안에서 생동감 넘치는 기쁨은 교회의 부흥을 드러내고, 진심 어린 찬양으로 이어진다.

하지만 찬양하고 싶은 기분이 아니라면 어떻게 할까? 때로는 형제자매의 찬양을 들으며 잠시 쉬어 가는 것도 필요하다. 때로는 "그 이름을 증언하는 입술의 열매"인 "찬송의 제사를 하나님께" 드리면서 우울한 현실에서 벗어나 홀로 찬양하는 것도 방법이다(히 13:15). 당신의 감정을 새롭게 해 달라고 간구하며 기도하는 마음으로 하나님을 찬양하라. 마음으로 진리의 경이로움을 느끼려면 당신이 말하고 갈망하는 바가 진리임을 믿음으로 찬양해야 한다. 믿음의 씨름을 하는 교회 가족을 위해 혹은 당신에게 고민을 털어놓은 믿는 친구를 위해서도 하나님께 찬양하라.

교회 가족과 믿음 안에서 연대하여 찬양하는 것도 필요하다. 하나 됨은 찬양이 주는 좋은 점이다. 보스턴 레드삭스 야구팬에게는 매력적인 전통이 있다. 펜웨이 파크에서 열리는 홈경기에서 보스턴 팬은 8회마다 "스위트 캐럴라인"(Sweet Caroline)을 노래한다. 나는 이를 경험해 보려고 야구장에 간 적이 있는데, 머뭇거리는 사람이 아무도 없었다! 그들은 함께 목청껏 노래했다. 우리의 교회에는 함께 노래할 훨씬 더 위대한 대상이 있고, 즐거워할 훨씬 더 위대한 하나 됨이 있다. 그러니 용기를 가지라. 모이면 크게 외치라! 예전에 어느 목사님이 이렇게 물었다. "만약 누군가가 예배 시간에 들어와서 여러분이 찬양하는 걸 본다면, 그 노래하는 모습과 표정으로 여러분이 선포하고 있는 대상을 정말로 믿는다고 생각할 수 있을까요?" 대답이 "예!"가 되게 하라.

둘째, 기도다. 기도 역시 성경을 가득 채운다. 주님은 우리에게 기도를 가르치셨고 기도 생활의 모범을 보여 주셨다(예를 들어 마 6:9-15; 막 1:35; 눅 22:31, 32, 39-46). 사도행전 곳곳에서는 교회의 기도를 발견할 수 있다(참고. 행 4:31; 12:5; 13:1-3). 사도들 역시 진지하게 기도에 전념했다(행 6:4). 우리의 기도는 우리가 하나님을 얼마나 의지하는지 보여 준다. 이러한 우리의 기도는 만복의 근원이신 하나님을 영화롭게 한다. 함께 모이는 것의 크나큰 즐거움 중 하나가 함께 기도하는 것이다. 최근에 나는 목회자들에게 이렇게 말한 적이 있다. "저는 설교보다 목회자로서의 기도 시간을 더 좋아하는 것 같습니다."(이 말에는 특별한 뜻이 있다. 왜냐하면 나는 설교도 정말 사랑하기 때문이다!)

디모데전서 2장 1-7절에서 바울은 예배에서 기도를 요청하라고 설교하는데, 나는 이에 대해 존 스토트가 한 충격적인 경고를 기억한다. 스토트가 어느 교회에 방문했는데, 그 교회는 기도 시간에 세계의 절박한 필요에 대해 이야기하지 않았다. 지역 사회의 기본적인 필요는 언급되었지만, 전 세계를 향한 교회의 사명은 어디에도 표현되지 않았다. 스토트는 동네의 하나님을 모신 동네 교회가 되는 것에 대해 경고했다. 우리는 세계 복음화를 품은 교회가 되어야 한다. 왜냐하면 우리는 우리의 기도를 들으시고 자기 백성의 기도에 응답하시는, 온 세계의 하나님을 모시기 때문이다. 이는 곧 지역적 문제와 세계적 문제 모두 우리가 공동으로 기도해야 한다는 뜻이다.

유익한 우선순위

코로나19 팬데믹으로 얼마간 예배의 특권을 빼앗기자 그리스도인들은 그 선물이 얼마나 귀한지 깨닫게 되었다. 다시 모여서 예배의 다양한 복을 누리게 되길 얼마나 바랐던가! 나는 성도들이 다시 모인 그 첫 주일을 기억한다. 예배를 섬기는 우리 목사님은 목이 너무 메어서 첫 번째 찬송가를 시작하지도 못했다. 나도 사회적 거리두기가 시행됐을 때 (스포츠와 헬스장처럼) 많은 일상을 잃었지만,

하나님의 백성이 예배를 위해 모이지 못하는 것만큼 아쉬운 것은 없었다.

하지만 모든 사람이 그렇게 느끼지는 않았다는 걸 안다. 어떤 사람은 그들의 영적인 상태로 보나 교회의 상태로 보나, 전혀 모임을 잃어버린 것처럼 보이지 않았다. 그래서 나는 이 장에서 예배가 왜 그렇게 중요한지 강조하려고 애썼다. 우리의 교회 모임을 우선순위에 두는 건 옳을 뿐만 아니라 유익하다. 그리고 신난다. 히브리서 12장을 다시 읽으면서 우리가 모일 때 무슨 일이 일어나는지 살펴보라! 물론 그 모임이 항상 완벽하지는 않을 것이다. 물론 우리가 모여서 하는 모든 일을 사랑하려면, 우리는 불완전한 죄인이기에 엄청난 수고가 필요하다는 사실을 인정해야 할 것이다. 물론 좀 괜찮은 주일과 좀 끔찍한 주일이 있을 것이다. 하지만 우리가 함께 모이는 일을 우선순위에 두어야 함을 기억하라. 그리고 "교회 모임에 가야 할까?"가 아니라 "어떻게 하면 교회 모임을 최대한 활용할 수 있을까?"를 물어야 함을 기억하라.

게빈 오틀런드(Gavin Ortlund)[6]의 훌륭한 글처럼 나는 당신에게 다음의 실천 사항을 따라 '주일을 기분 좋게 만들라'고 권면하고 싶다.

실천 사항

다음을 읽고, 당신의 실천 계획을 세우십시오.

- **당신에게는 당신의 교회가, 당신의 교회에는 당신이 필요하다.**
  주일에 교회를 가도 그만 안 가도 그만이라 생각한다면, 그것이 당신의 영적인 건강에 영향을 미칠 것이다. 예배에 늦거나 가지 않는다면, 그것은 당신의 경험에 영향을 미칠 것이다. 또 진지한 마음으로 모임에 가지 않는다면, 그것은 당신의 형제자매에게 도움이 되지 않을 것이다. 그들에게는 당신의 목소리, 당신의 격려, 당신의 연대, 당신의 기도, 당신의 기쁨이 필요하다.

- **토요일 밤을 거룩하게 하라.**
  큰 미팅을 앞두고 있다면, 당신이 해야 할 일은 전날 밤에 잘 쉬는 것이다. 운동선수는 큰 대회를 앞둔 전날, 미리 준비해야 한다는 것을 안다. 주일을 위해서도 마찬가지다. 토요일 밤에 잘 쉬라. 가족과 함께 기도하고, 저녁 식탁에서 주일 설교 본문을 읽는 것도 고려해 보라. 내일은 중요한 날이다!

- **주일 아침, 집에서부터 돌발 상황에 대비하라.**
  돌발 상황은 토요일 밤에 일어날 수도 있지만, 대개는 주일 아침에 일어날 때가 매우 많다. 주일 아침, 사탄은 말씀이 당신에게 영향을 미치지 못하도록 당신의 신경을 날카롭게 만들거나, 주의를 산만하게 하며, 당신을 기분 나쁘게 만들고 싶어 한다. 게빈 오틀런드는 이렇게 말한다. "자, 차에 오를 때 먼저 자신에게 선수를 치세요. 누군가 우유를 엎지르거나, 여동생의 머리카락을 잡아당기거나, 성경을 창문 밖 고속도로에 던져 버릴 거라고요. 그런 일이 실제로 일어나면, 저는 소리 지르기보단 기도할 겁니다."

- **주일만의 특별한 전통을 만들라.**

예배 후, 이 특별한 날을 고이 간직하게 해 줄 무언가를 고려해 보라. 여기에는 오후의 차 한 잔과 독서, 특별한 식사, 긴 낮잠, 타인과의 식사 등이 있다. 걷거나, 드라이브하거나, 공원에 가서 아름다운 것을 보거나 하나님의 창조를 누리라. 어떤 경우든, 당신의 주일을 특별하고 독특하게 만들라. 당신에게 자녀가 있다면, 이런 시간을 매우 유쾌하게 만들라. 그러면 자녀들은 그 경험을 기쁘게 추억할 것이다. 주일만의 거룩하고 행복한 습관을 만들라.

토론 가이드

히브리서 12장 18-29절을 읽으십시오.

1. 히브리서 저자는 이스라엘 백성이 시내산에 모였을 때(18-21절)와 지금의 상황(22-24절)을 비교합니다. 무엇이 다르고 왜 다릅니까? 이것이 어떻게 사람들을 교회로 모으는 동기가 됩니까?

2. 22-24절의 묘사는 어떤 의미에서 하나님의 모든 백성이 천국에 모이는 그림을 보여 줍니다. 하지만 이 말씀은 현재 우리의 모임에서 일어나는 일을 묘사하는 것이기도 합니다. 우리는 누구와 함께 모입니까? 이 말씀은 주일 모임에 관한 당신의 생각에 어떤 영향을 줍니까?

3. 하나님의 음성을 듣는 일과 함께 모여 경배하는 일이 그토록 긴급한 이유는 무엇입니까(25-29절)?

4. 당신은 주일에 다른 교인들을 돕고 또 그들을 세우기 위해 교회에 갑니까? 어떻게 해야 더 잘 돕고 세울 수 있습니까?

5. 당신에게는 교회 모임의 어떤 면이 가장 소중합니까? 함께 하나님의 말씀을 듣고, 성찬을 나누고, 찬양하고, 기도하는 것이 그토록 가치 있는 이유는 무엇입니까?

6. 주일을 잘 준비하기 위해 당신은 무엇을 할 수 있습니까? 당신이 만들 수 있는 '거룩하고 행복한 습관'은 무엇입니까? 그것은 당신의 주일에 어떤 변화를 줄 수 있습니까?

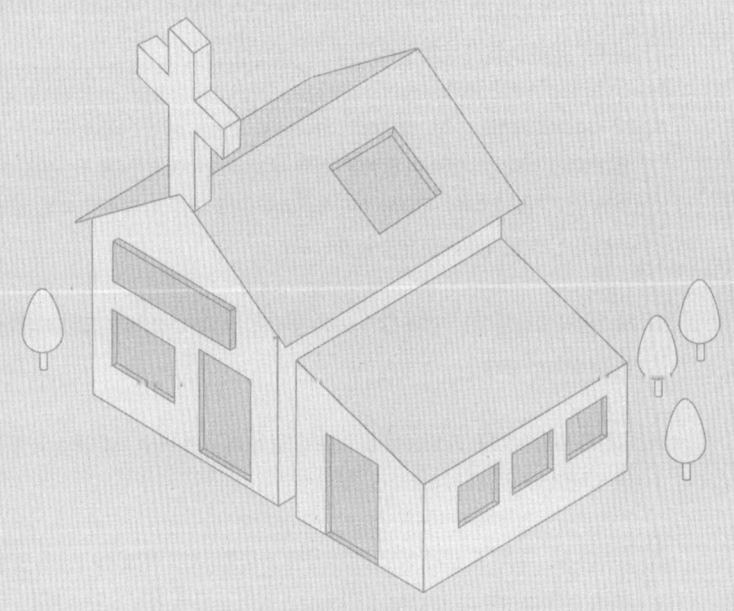

토니 메리다 목사님의
4장 가이드 영상으로 연결됩니다.

4.
돌봄: 성령의 열매 보여 주기
Caring

나는 영화 "리멤버 타이탄"(Remember the Titans)을 좋아한다. 이 영화는 1971년 버지니아 알렉산드리아의 T. C. 윌리엄스 고등학교에서 있었던 흑인과 백인의 통합에 관한 자전적인 스포츠 영화다. 당시 선수들은 인종 간의 긴장으로 갈등을 겪는다(그런 긴장은 여전히 우리를 괴롭힌다). 그들이 풋볼 캠프에서 한 가족이 되기 전까지, 이 갈등은 팀 내 감정을 점점 고조시킨다. [덴젤 워싱턴(Denzel Washington)이 열연한] 헤르만 분 코치는 선수들에게 매일 다른 인종의 팀원을 찾아가 그에 대해 알아 오라는 숙제를 낸다. 그리고 마침내 그들은 라커 룸에서 점심시간에 함께 노래하게 된다.

영화가 끝날 즈음에, (팀의 백인 리더인) 게리는 병원에 입원한다. 그러자 (팀의 흑인 리더 중 하나인) 줄리어스가 눈물을 흘리며 게리를 만나러 온다. 게리의 엄마는 "게리가 너만 보고 싶어 하는구나."라고 말한다. 줄리어스가 들어가자 간호사가 말한다. "여기는 가족만 허락됩니다." 게리는 "가족이라 닮은 거 안 보이세요? 내 형제예요."라고 대답한다. 그리고 둘이 대화하는 중에, 줄리어스가 말한다. "다 끝나면, 우리 같은 동네로 이사하자."

다툼을 멈추고 (다양성이 있는) 한 가족이 되었을 때, 그들은 팀으로서 뛰어난 역량을 보여 주었다. 이는 성경적 공동체를 잘 나타낸다. 서로를 원수로 대하는 것은 형제자매의 모습이 아니다. 우리는 한 가족으로서 서로를 이끌어 주고, 지지하고, 돌보아야 한다. 만약 풋볼이 사람들을 하나로 묶어 줄 수 있다면, 복음은 얼마나 더 그러하겠는가! 게다가 복음의 연합은 말로만이 아니라 구체적인 사랑의 행위를 통해서도 표현된다.

가장 자주 언급된 초대 교회의 특징은 '그들이 어떻게 서로를 돌보았는가'다. 오늘날 누군가가 당신의 교회를 몰래 엿본다면, 그들도 같은 말을 할까? 아니면 "보라, 저들이 서로를 얼마나 비난하는지!" 혹은 "저들은 서로에게 이렇게 예의를 차리지만, 진정으로 돌보지는 않는구나."와 같은 말을 할까? 오늘날에는 온라인이나 대면으로 형제자매를 비난하고 헐뜯는 일이 난무하고, 성경적으로 서로 사랑하는 것은 부족하다.

신약 성경의 '서로'라는 말은 그리스도인 공동체에서 형제자매를 돌보는 일이 얼마나 중요한지 보여 준다. 성경에 이 단어가 들어간 구절은 정말 많은데, 이는 공동체에서 형제자매가 서로를 돌보는 일은 타협할 수 없다는 것을 의미한다. 그중 몇 가지 말씀을 살펴보자.

"새 계명을 너희에게 주노니 서로 사랑하라 내가 너희를 사랑한 것 같이 너희도 서로 사랑하라"(요 13:34).

"이와 같이 우리 많은 사람이 … 서로 지체가 되었느니라"(롬 12:5).

"형제를 사랑하여 서로 우애하고"(롬 12:10).

"존경하기를 서로 먼저 하며"(롬 12:10).

"너희가 … 서로 권하는 자임을"(롬 15:14).

"서로 같이 돌보게 하셨느니라"(고전 12:25).

"사랑으로 서로 종 노릇 하라"(갈 5:13).

"너희가 짐을 서로 지라"(갈 6:2).

"사랑 가운데서 서로 용납하고"(엡 4:2).

"서로 친절하게 하며"(엡 4:32).

"그리스도를 경외함으로 피차 복종하라"(엡 5:21).

"오직 겸손한 마음으로 각각 자기보다 남을 낫게 여기고"(빌 2:3).

"너희가 서로 거짓말을 하지 말라"(골 3:9).

"서로 위로하라"(살전 4:18).

"서로 대하든지 모든 사람을 대하든지 항상 선을 따르라"(살전 5:15).

"서로 돌아보아 사랑과 선행을 격려하며"(히 10:24).

"형제들아 서로 비방하지 말라"(약 4:11).

"서로 원망하지 말라"(약 5:9).

"너희 죄를 서로 고백하며 병이 낫기를 위하여 서로 기도하라"(약 5:16).

"서로 대접하기를 원망 없이 하고"(벧전 4:9).

"다 서로 겸손으로 허리를 동이라"(벧전 5:5).

"사랑하는 자들아 우리가 서로 사랑하자 사랑은 하나님께 속한 것이니 사랑하는 자마다 하나님으로부터 나서 하나님을 알고"(요일 4:7).

"어느 때나 하나님을 본 사람이 없으되 만일 우리가 서로 사랑하면 하나님이 우리 안에 거하시고"(요일 4:12).

말씀 구석구석에서, 우리는 진정으로 서로를 돌보라는 요청을 찾을 수 있다. 이제 다시 정독하면서 우리가 (그리고 다른 사람들이) 이런 종류의 돌봄을 주고받지 않을 때는 왜 그런 돌봄을 놓치는지 생각해 보자. 결론부터 말하자면, 하나님은 서로에게 높은 수준으로 헌신하도록 우리를 부르셨다. 그러한 헌신은 우리가 서로를 돌볼 때, 우리의 교회가 어떤 가슴 뛰는 모습을 갖게 될지 보여 준다.

이렇게 하나님을 경외하는 돌봄은 갈라디아서 6장 1-10절에도 깔려 있다. 우리는 거기서 서로를 돌본다는 게 무엇인지 매우 도움이 되는 특징을 발견한다. 바울이 "성령의 열매"(갈 5:16-24)에서 교회의 돌봄(갈 6:1-10)으로 주제를 옮겨 간 것은 전혀 우연이 아니다. 성령 충만한 삶은 극적이고 기적적인 능력을 경험하는 것이나 신비로운 내적 경험이 아니다. 신실한 그리스도인이 그리스도를 향해 그리고 서로를 향해 기쁘게 헌신하며 사는 삶이다. 우리는 가족을 돌보아 성령의 열매를 보여 주어야 한다.

온유한 바로잡음

"형제들아 사람이 만일 무슨 범죄한 일이 드러나거든 신령한 너희는 온유한 심령으로 그러한 자를 바로잡고 너 자신을 살펴보아 너도 시험을 받을까 두려워하라"(갈 6:1). 우리에게는 영적으로 우리를 돌보아 줄 **가족**이 필요하다. 그리고 교회는 하나님을 "아빠 아버지"(갈 4:6)로 부르는 형제자매들로 이루어진 **가정**(갈 6:10)이다(참고. 갈 6:1, 18).

때로는 가족 중에 "범죄한"(갈 6:1) 자들도 있다. 범죄자들에게는 이러한 시기에 그들을 도와줄 형제자매가 필요하다. 덫을 열어서 그들을 꺼내 줄 사람 말이다. 그들에게는 자신을 바로잡아 줄 우리가 필요하다(참고 약 5:19, 20). 팀 켈러(Tim Keller)는 "바로잡다"라고 번역된 말은 원래 잘못 위치한 뼈를 제자리로 되돌려 놓을 때 사용되었다고 말하고는 이렇게 덧붙인다.

뼈가 잘못 위치하면 극도의 고통을 느끼게 된다. 몸의 다른 부분과의 관계에서 본래 고안된 자연스러운 위치에 있지 않기 때문이다. 뼈를 제자리로 되돌려 놓는 일은 불가피하게 고통을 낳지만 그 고통은 치유하는 고통이다. 그 말인즉슨, 아무리 고통스러워도 그 고통을 직면해야 한다는 뜻이다. 하지만 우리의 직면은 반드시 마음과 삶의 변화를 불러일으키는 것을 목표로 해야 한다.[1]

깊은 죄에 빠져 방황하는 누군가를 목양하는 목표는 '바로잡음'이다. 우리는 이 목표를 언제나 기억해야 한다. 마태복음 18장 15-17절에서 예수님이 교회의 치리(治理) 단계를 가르쳐 주실 때에도, 그 단계의 목표는 신자의 영적 건강과 안녕으로, 여기서처럼 긍정적이고 건설적이었다. 교회의 치리는 교회가 평신도와 리더의 행실을 규제하는 것을 말한다. 권고와 교정, 그리고 필요하다면 제명을 통해서 말이다. 교회의 역사를 보면, 많은 신학자가 교회의 치리를 (말씀 선포와 세례, 성찬의 집행과 더불어) 교회의 핵심 표지로 보았다.[2]

갈라디아서 6장에서 바울은 바로잡음의 단계에 관해서 말하지 않지만 **바로잡는 자**에 관해서 말한다. 바로잡는 자는 "신령한" 자여야 한다(1절). 이는 완벽해야 한다는 뜻도, '의로운 경찰관'이 되어야 한다는 뜻도 아니다. 최종적으로 바로잡는 분이신 예수님을 따라 움직여야 한다는 뜻이다.

어떤 이들은 서로를 꾸짖고 바로잡는 이런 행동에 반대한다. 그 행동을 정죄로 보거나 아니면 누구도 관여해서는 안 될 일로 보기 때문이다. 예수님께서 "비판을 받지 아니하려거든 비판하지 말라"(마 7:1)라고 말씀하지 않으셨는가? 그렇다, 예수님은 그러셨다. 하지만 이 구절을 근거로 수상하는 자들은 종종 5절 말씀을 간과한다. "외식하는 자여 먼저 네 눈 속에서 들보를 빼어라 그 후에야 밝히 보고 형제의 눈 속에서 티를 빼리라." 달리 말하면, 일단 우리가 자기 눈의 들보를 빼내면 형제의 눈 속에서 티를 빼도 된다는 뜻이다. 예수님은 우리가 형제자매의 영적 건강에 절대 간섭해서는 안 된다고 말씀하시지 않았다! 우리 자신의 마음을 먼저 살피고 난 후에야 행동으로 옮기라고 권고하셨다.

행동으로 옮길 때, 우리는 **온유해야** 한다. 온유는 성령의 열매로, 그런 덕목은 우리가 개인적으로 예수님 안에 거할 때 생긴다. 예수님께서는 우리를 그분과 같이 온유하게 만드신다(마 11:29). 바로잡는 자는 또한 **조심해야** 한다. 바울은 "너 자신을 살펴보아 너도 시험을 받을까 두려워하라"고 말한다(갈 6:1b). 우리는 늘 우리도 타락에서 예외 되지 않는다는 사실을 기억해야 한다. 형제자매보다 당신을 낮게 여기지 않도록 조심하라. 다른 사람을 바로잡으려 할 때, 같은 덫에 걸리지 않도록 조심하라.

수년 동안, 나는 신실한 교인들이 이 바로잡는 사역을 아름답게 해내는 모습을 보았다. 때로는 그리스도인도 영적으로 방황하고,

중독에 빠지며, 건강하지 못한 관계에 이끌리고, 그냥 모임에 나오지 않기도 한다. 성령 충만한 기독교는 다루기 힘든 형제자매를 온유하게 바로잡기 위해 그런 이들을 찾으려고 한다. (21세기 서구와 같이) 개인화된 문화에서는 이를 귀찮게 여기기도 하지만 그게 성경적 기독교다. 내가 내 형제를 바로잡는 자가 되고, 나에게도 역시 나를 바로잡아 줄 형제가 필요하다!

고집스러운 형제자매들, 방황하며 어려움에 빠진 형제자매들을 바로잡는 사역을 마다하지 말라. 내가 하지 않아도 다른 사람이 손을 내밀 거라고 넘겨짚지 말라. 그들이 괜찮기를 바라기만 하지 말라. 목사와 리더에게 이 사역을 떠넘기지 말라. 필요하다면 당신이 주도권을 쥐고 훈계하고 기도하라. 그리고 필요할 때마다 바로잡으라.

겸손히 짐을 짐

다음으로 바울은 짐 때문에 힘겨워하는 형제자매에게 시선을 돌린다. "너희가 짐을 서로 지라 그리하여 그리스도의 법을 성취하라"(갈 6:2).

우리 모두에게는 '타인의 짐을 살피고 그 짐을 가볍게 하는 데 전념하라'는 매일의 사명이 있다. 이 사역은 대중은 잘 깨닫지 못하지만, 예수님께는 중요한 사역이다. 바울은 갈라디아교회 성도들이 짐을 지게 될 것을 알고는, 서로를 도우라고 권면한다.

이 사역을 방해하는 한 가지는 **교만**이다. "만일 누가 아무 것도 되지 못하고 된 줄로 생각하면 스스로 속임이라"(갈 6:3). 만약 당신이 형제자매를 돕기 위해 몸을 숙이는 것을 자신의 몫이 아니라고 생각한다면, 당신은 당신의 마음을 다뤄야 한다. 교만은 교회 가족을 돌보실 거절하는 결과를 낳는다.

그리고 바울의 다음 말에 귀를 기울이라. "각각 자기의 일을 살피라 그리하면 자랑할 것이 자기에게는 있어도 남에게는 있지 아니하리니"(갈 6:4). 바울은 기본적으로 '자신을 이웃과 비교하지 말라'고 말한다. 대신, 하나님의 시선에 따라 자신의 삶을 점검하라고 말한다. 그렇게 하면 당신은 교만해지지 않을 것이다. 당신이 다른 사람은 짓는 어떤 죄를 짓지 않았다고 해서 우쭐하지 말라. 바울은 **자신과 타인을 비교함으로써 당신의 교만에게 먹이를 주지 말라**고 말한다.

하지만 동시에 바울은 **무거운 짐과 가벼운 짐**을 지혜롭게 구별해야 한다고 지적한다. 우리는 "짐을 서로" 져야 한다(2절). 하지만 동시에 "각각 자기의 짐을" 져야 한다(5절). 어떤 짐은 너무 무거워서 혼자 힘으로 질 수 없지만, 어떤 짐은 혼자서도 감당할 수 있다. 즉, 정당한 필요와 정당하지 않은 필요가 있다. 어떤 이들은 정말 가벼운 짐인데도 모두 무거운 짐처럼 여긴다. 또 어떤 이들은 무거운 짐을 들고 비틀거리면서도 다른 이들에게 도움을 구하지 않고 모든 짐을 가벼운 짐처럼 여긴다.

나는 사역을 위해 제시간에 일어날 책임이 있다. 그건 나의 가벼운 짐이다. 하지만 내가 만약 일자리를 잃고 곤경에 처한다면, 그건 다른 이에게 도움을 요청해도 되는 무거운 짐이다. 돈을 지혜롭게 사용하는 것은 당신의 가벼운 짐이다. 사랑하는 이를 암으로 잃는 것은 무거운 짐이다. 네 아이를 둔 싱글 맘은 교회의 돌봄과 도움을 기대할 권리가 있다.

만약 당신이 무거운 짐을 진 그리스도인이라면, 누군가에게 당신의 상황을 알리라. 때로는 그리스도인들이 형제자매의 짐을 미처 알아채지 못하기도 한다. 이것이 그들이 돕지 못하는 이유다. 성경적 공동체의 일원이 된다는 것은 서로 소통한다는 뜻이다. 우리는 타인에게 우리의 짐을 꺼내 놓을 만큼 서로 투명해야 하고, 또 무거운 짐을 진 사람을 도울 만큼 겸손하고 따뜻해야 한다.

목회적 돌봄은 오직 목사들의 일이라는 인식이 있다. 그러나 이것은 오해다. 목사가 교회 안에서 특별한 역할을 하는 건 맞지만, 돌봄을 베푸는 사역은 **모든 교인**이 함께해야 한다. 모든 교인이 경청하고, 돌보며, 타인의 짐을 함께 지고, 상처 받고 지친 성도를 지지하는 사역을 할 수 있다. 사실, 목사의 주된 업무는 "성도를 온전하게 하여 봉사의 일을 하게 하"는 것이고(엡 4:12), 그 봉사에는 함께 짐을 지고 돌보는 사역도 있다. 교회의 구성원인 우리는 목사가 우리를 돌보는 유일한 존재가 아니라는 사실을 알아야 한다. 전 교회가 서로를 돌보도록 부르심을 받았다. 만약 어느 교인이 병원에 있는 당신을 방문한다면, 그이가 목사가 아니라고 해서 실망하지 말라! 오히려 (어쩌면 시간을 들여 희생하고 있는) 그 교인이 갈라디아서 6장의 사역을 실천하고 있다는 사실을 깨닫고 감사해야 한다!

톨킨(J. R. R. Tolkien)의 영화 "반지의 제왕: 왕의 귀환"(The Lord Of The Rings: The Return Of The King)은 끝을 향해 달려가는 클라이맥스에서 짐을 지는 것에 대해 생생하게 묘사한다. 프로도는 절대 반지를 불 속에 떨어뜨리는 과업을 완수하기 직전에 너무 지치고 탈진해 버려 산꼭대기로 올라가지 못한다. 그때 프로도의 충성스러운 친구 샘이 다급히 말한다. "어서요, 프로도 씨! 제가 당신을 위해 반지를 옮길 순 없지만, 당신을 옮길 순 있어요." 샘은 프로도가 단번에 이 드라마를 끝낼 수 있도록 그를 도와 마침내 산꼭대기까지 가게 돕는다. 우리도 그렇다. 성령 충만한 신자들은 형제자매를 도와 그들을 짓이기는 짐을 함께 진다.

너그러운 나눔

다음으로 바울은 초점을 조금 바꾼다. "가르침을 받는 자는 말씀을 가르치는 자와 모든 좋은 것을 함께 하라"(갈 6:6). 바울은 가르침을 받는 자와 가르치는 자가 "모든 좋은 것"을 함께 나누는 책임에 초점을 맞춘다. 교회는 가르치는 자를 물질적으로 후원해야 한다. 여기에는 음식과 돈, 적절한 복지를 위해 필요한 모든 좋은 것이 포함된다.

바울은 교회의 짐을 덜기 위해 자기 힘으로 섬겼지만, 때로는 후원을 받기도 했다(참고. 빌 4:10-20; 고후 11:8). 교회가 말씀 사역자를 후원하는 일이 좋고 옳다는 것이 그의 원칙이었다(고전 9:11-14; 딤전 5:17, 18). 팀 켈러는 이렇게 주해한다. "우리는 교회에 의미 있는 헌금은 하지 않으면서, 그 교회에 와서 혜택만 가져가는 소비자가 되어서는 안 된다."[3]

하지만 바울의 궁극적인 관심사는 돈이 아니다. 복음의 진척이다. 하나님은 복음의 진척을 위해 가르치는 자들에게 하나님의 말씀을 꾸준히 선포하게 하셨다. 만일 가르치는 자들이 일상의 결핍을 스스로 채워야 한다면 그들의 사역은 제한될 것이다. 그러므로 가르치는 자들의 필요를 교회가 돌보아야 한다. 교회는 "우리는 하나님의 말씀이 신실하게 효과적으로 가르쳐지기를 원합니다. 그래서 우리가 당신을 후원하겠습니다."라고 해야 한다. 잘 돌본다는 것은 가르치는 자를 돌본다는 뜻이고, 이는 단순히 '전통'이어서가 아니라 하나님의 말씀을 사랑하고 그것이 땅끝까지 확장되는 것을 보기 원하기 때문에 그렇게 하는 것이다.

개인의 거룩함

성령 충만한 공동체는 거룩함(예수님을 닮아감)을 추구한다. "스스로 속이지 말라 하나님은 업신여김을 받지 아니하시나니 사람이 무엇으로 심든지 그대로 거두리라 자기의 육체를 위하여 심는 자는 육체로부터 썩어질 것을 거두고 성령을 위하여 심는 자는 성령으로부터 영생을 거두리라"(갈 6:7, 8).

우리의 개인적인 생활은 관계적인 삶에 직접적인 영향을 미친다. 그러므로 우리가 교회의 건강에 기여하는 가장 좋은 방법은 성령 충만한 경건을 훈련하는 것이다. 우리가 삶에서 죄를 죽이려고 애쓸 때, 우리는 필연적으로 다른 이들을 축복하게 된다. 반면 죄에 탐닉하면, 다른 이들에게 부정적인 영향을 끼친다. 실로 우리는 절대 고립된 상태에서 죄를 지을 수 없다.

만약 성령님을 위하여 심으면 성령님으로부터 거둘 것이다. 육체를 위하여 심으면 육체로부터 거둘 것이다(갈 5:16-25). 겨자씨를 심는다면, 고추가 자라기를 기대하지 말라. 육체를 위하여 심는다면, 거룩함이 자라기를 기대하지 말라.

육체를 위하여 심는 것은 육체를 좇는 것이고, 육체에 굴복하는 것이며, 육체를 십자가에 못 박기보다 애지중지하는 것이다. 옛 속담이 옳다. "생각을 심으면 행동을 거둔다. 행동을 심으면 습관을 거둔다. 습관을 심으면 성품을 거둔다. 성품을 심으면 운명을 거둔다."[4] 어떤 그리스도인들은 매일 육체를 위하여 심으면서 자기가 왜 거룩함과 승리와 축복을 거두지 못하는지 의아해한다.

"하나님은 업신여김을 받지 아니하"신다(갈 6:7). 당신이 누구건, 당신은 심은 대로 거둔다. 그러므로 밭을 지혜롭게 선택하라. 성령님을 따라 생각과 행동을 심으라. 당신이 읽는 책, 함께하는 사람,

오락으로 즐기는 것, 생각하는 것, 그것이 바로 심는 행위다. 육체에 속했는가, 아니면 성령님께 속했는가? 성령님을 위하여 심을 때, 성령님께서 통제하시는 삶을 상으로 거두게 될 것이다. 그리고 성경의 '서로'(one another)를 즐거이 성취하게 될 것이다.

본회퍼는 『성도의 공동생활』에서 '함께하는 날'이라는 챕터 뒤에 '홀로 있는 날'이라는 챕터를 두고 이렇게 말했다. "홀로 있지 못하는 사람은 공동체를 깨닫게 하라. … 공동체로 어울리지 못하는 사람은 홀로 있기를 깨닫게 하라." 그는 '홀로 있는 날'에서 침묵과 고독, 주의 깊은 성경 읽기, 기도와 같은 거룩한 습관이 얼마나 필요한지 강조한다. 그런 습관은 필연적으로 다른 이들을 복되게 할 것이다. 본회퍼는 말한다. "홀로 있는 날이 없다면 함께하는 날은 공동체를 위해서도 개인을 위해서도 아무런 열매를 맺지 못할 것이다."5 당신 자신을 위하여, 형제자매를 위하여, 그리고 하나님의 영광을 위하여, 성령님께 심으라.

선을 행함

돌보는 일은 지친다. 특권이자 축복이지만, 쉽지 않다. 그래서 바울은 "우리가 선을 행하되 낙심하지 말지니 포기하지 아니하면 때가 이르매 거두리라"(갈 6:9)라고 우리를 격려한다. 그리스도인은 누구나 선을 행하다가 낙심할 수 있다. 하지만 바울은 계속 심으라고 말한다. 계속 서로를 사랑하라고, 계속 언쟁을 삼가라고, 계속

거짓 교사를 거부하라고, 계속 서로의 짐을 지라고, 계속 복음을 설교하라고 말한다. 예수님은 그럴 가치가 있는 분이시다. "그러므로 우리는 기회 있는 대로 모든 이에게 착한 일을 하되 더욱 믿음의 가정들에게 할지니라"(갈 6:10). 신자들은 선을 행함을 그들의 특징으로 삼아야 한다. 우리는 "모든 이에게" 자비를 보여 줄 방법을 찾아야 한다. 긴급한 필요를 가진 세계 곳곳의 사람들에게 자비를 보여야 하지만 "믿음의 가정들"에게는 특히나 각별한 관심을 쏟아야 한다.

여기에 우리 모두를 위한 또 한 가지 매일의 사명이 있다. 바로 선을 행함으로써 다른 이들을 복되게 할 기회를 찾는 것이다. 이 기회는 우연히 주어지지 않는다. 타인의 안녕에 대한 민감함이 필요하다. 우리가 자기 자신에게만 몰두한다면 이런 종류의 삶은 살 수 없다. 나에 대한 몰두와 다른 사람을 위한 돌봄은 공존할 수 없기 때문이다. 그리스도께서 우리의 마음을 사로잡으셔서 우리가 성령님과 동행하게 되지 않는다면, 우리는 타인의 짐을 지거나 선을 행하려는 열심을 내지 않는다.

사랑은 행동한다. 기독교의 사랑은 추상적인 개념이 아니다. 성령님의 능력으로 선을 실천하는 것이다(갈 5:22). 사도 요한은 사랑에 관해 이렇게 말했다. "그가 우리를 위하여 목숨을 버리셨으니 우리가 이로써 사랑을 알고 우리도 형제들을 위하여 목숨을 버리는 것이 마땅하니라"(요일 3:16). 십자가는 기독교의 사랑이 **행동으**

로 이어지는 열정과 관련된다는 사실을 우리에게 보여 준다. 예수님은 말로만 우리를 사랑한다고 하지 않으셨다. 사랑을 증명해 보이셨다. 그러므로 요한은 말한다. "누가 이 세상의 재물을 가지고 형제의 궁핍함을 보고도 도와 줄 마음을 닫으면 하나님의 사랑이 어찌 그 속에 거하겠느냐 자녀들아 우리가 말과 혀로만 사랑하지 말고 행함과 진실함으로 하자"(17, 18절). 진짜 사랑은 행함과 진실함을 낳는다.

우리 대부분은 순교로 부르심을 받아 죽지는 않을 것이다. 오히려 우리의 부르심은 조금씩 조금씩 타인을 섬기고 친구와 이웃, 가족과 교인을 위해 착한 일을 하는 것이다. 우리는 병든 이를 문병하고, 도움이 필요한 어르신을 위해 장을 보고, 상처 입은 형제의 말에 귀를 기울이고, 양자를 들이고, 집에 틀어박힌 사람을 방문하고, 약자의 편을 들어 주고, 이웃에게 반찬을 가져다줄 수 있다. 이러한 행위는 순교처럼 '영웅적'이지는 않지만, 그래도 사아의 죽음을 요구한다. 전부 예수님의 영광을 위해 예수님의 이름으로 행해지는 것들이다.

도심에서 사역하는 목사님에 관한 이야기가 생각난다. 교인 중에 한 여인이 목사님에게 말했다. "목사님, 우리는 기적과 표적을 봐야겠어요. 지금까지 기적과 표적을 충분히 보지 못했잖아요." 목사님이 대답했다. "부인, 아이들과 함께 아파트에서 쫓겨난 여인이 저기 앉아 있네요. 부인께서 저들을 집에 데려가 석 달 동안 살게

해 준다면 저는 그걸 기적과 표적으로 여기겠어요." 하나님의 기적을 보기 원하는 건 잘못된 게 아니다. (나도 보고 싶다!) 하지만 서로를 향한 사랑의 실천을 보여 주기 위해 성령님께서 우리 안에서 어떻게 역사하시는지 간과하고 과소평가하지 말라. 교인이라면 누구나 아주 다양한 방식으로 저런 기적과 표적을 오늘날에도 보여 줄 수 있고, 또 보여 주어야 한다.

이번 장은 형제자매를 돌보는 게 무엇인지에 관해 겉핥기만 보여 주었다. 바라건대, 평생에 걸친 당신의 여정에서 믿음의 가족을 사랑하는 데에 이번 장이 영감을 주었길 소망한다. 몇 가지 실천 사항을 소개하겠다.

실천 사항

다음을 읽고, 당신의 실천 계획을 세우십시오.

- **바로잡고, 짐을 지고, 나누고, 선을 행하는 중요한 사역을 하라.**
  갈라디아서 6장을 읽으면서 마음에 떠오르는 사람이 있다면, 그들을 위해 행동하기로 결단하라.

- **죄인과 환자를 돌보는 일은 모든 신자가 참여해야 할 사역이다.**
  폴 트립(Paul Tripp)의 『구속자의 손에 들린 도구』(Instruments in the Redeemer's Hands)처럼 다른 사람을 돌보는 법에 관한 좋은 책을 읽어 보라. 당신의 교회에서 성경적인 상담 방법에 관한 기초적인 훈련을 제공할 수도 있으니, 있다면 그것을 잘 이용하라. 당신의 하루 일정을 살펴서 짐을 진 자와 다루기 힘든 자를 돕고, 경청하며, 기도하는 사역에 참여할 자투리 시간이 있는지 보라. 없다면, 이 중요한 사역을 위해 자투리 시간을 만들라.

- **당신의 개인 생활은 언제나 당신의 공동체에 영향을 미친다. 개인 생활을 진정으로 성령님을 위해 심어야 한다는 사실을 기억하라.**
  당신의 일상에 (기도 시간, 성경 읽기 시간, 찬양 시간을 정하는 등의) '거룩한 습관'을 늘려 보라. 거룩하지 않은 습관이 있다면, 그 습관을 없애기로 결단하라! 때로는 일상에서의 작은 변화가 당신의 평생에 크나큰 영향을 주고, 주변 사람들에게 긍정적인 영향을 끼칠 수 있다는 걸 알라.

- **매주 다른 이에게 선을 행할 기회를 찾으라.**
  오늘은 무엇을 할 수 있을까? 내 친구 중에 주일 저녁마다 한 주의 계획을 세우는 친구가 있는데, 그 계획에는 선행으로 사람들을 놀라게 하는 일도 포함된다. 서로를 복되게 할 방법을 계획하는 시간을 모두가 갖는다면 당신의 교회에서 무슨 일이 일어날지 상상할 수 있겠는가?

- **교회 가족을 위해 기도하라.**

 당신의 교회가 "보라, 저들이 서로를 얼마나 사랑하는지!"라는 말을 듣게 되기를 기도하라. 당신의 교회가 진심으로 환자와 고통당하는 자, 약자와 상처 입은 자를 돌보는 교회가 되기를 기도하라. 당신을 위해서도 기도하라. 우리는 누구나 지치기 때문이다. 주님께서 당신을 주님의 영으로 채워 주셔서 당신이 성령의 열매를 맺을 수 있기를 구하라.

토론 가이드

갈라디아서 5장 16절-6장 10절을 읽으십시오.

1. 5장 16-25절에서 바울은 무슨 근거로 서로에게 선을 행해야 한다고 말합니까? 이기적이지 않고, 서로 배려하게 하는 것은 무엇입니까?

2. 우리가 서로를 돌보려 할 때 어떤 위험에 빠질 수 있습니까(갈 6:1, 3, 4, 9)? 다른 이들을 돌보길 주저하지 않으면서 위험도 피할 수 있는 좋은 방법이 있다면 나누어 봅시다.

3. 서로에게 선을 행할 때, 우리의 목표와 궁극적인 소망은 무엇입니까? 그 목표와 소망은 우리가 인내하는 데 어떤 도움이 됩니까?

4. 본문에서 당신에게 가장 도전이 되는 것은 무엇입니까?

5. 당신의 교회는 바로잡고, 짐을 서로 지고, 나누고, 선을 행합니까?

6. 다른 이들을 효과적으로 돌보는 방법에 있어서 (개인적 차원이건, 교회적 차원이건) 당신이 스스로 배우고 훈련하기 위해 무엇을 할 수 있을까요?

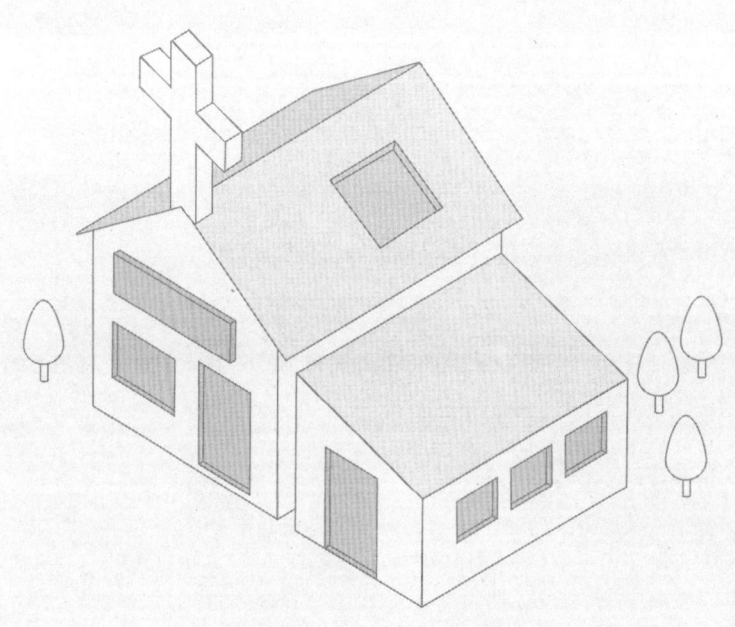

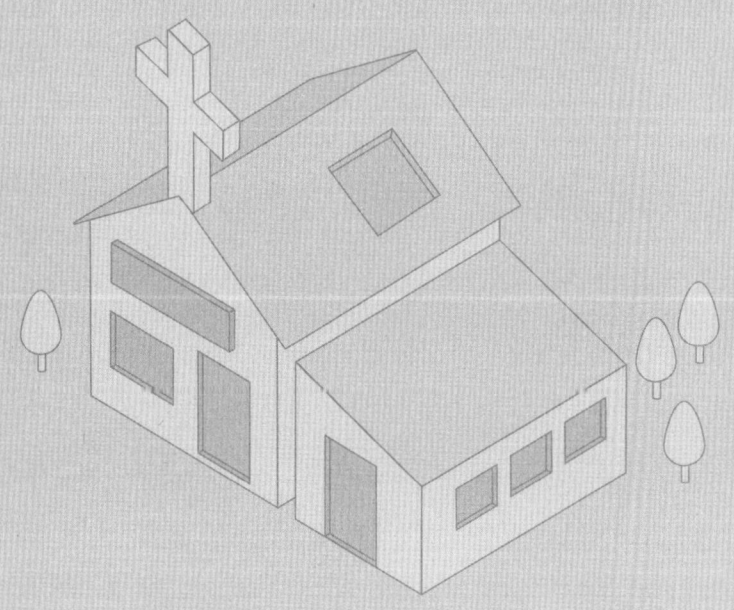

토니 메리다 목사님의
5장 가이드 영상으로 연결됩니다.

5.
섬김: 몸 된 교회를 위해 성령의 은사 사용하기
Serving

교회 안에서 그리스도를 따르는 자들은 관중이 아니다. 섬기는 종이다. 그리스도인이라면 교회를 '설교 들으러 가는 곳'이 아니라 '섬기는 곳'으로 생각해야 한다. 분명히 말하지만, 설교를 듣는 것은 중요하다. 하지만 교회의 일원이라면, 교회 사역을 소비하는 것이 아니라 교회 사역에 기여해야 한다. 기여는 자신의 시간과 달란트, 재물을 교회의 건강과 성장을 위해 드리는 것이다.

많은 그리스도인이 교회에서 적극적으로 섬겨야 함을 알고 있지만, 그런 장기적이고 헌신적인 섬김에 대한 깊은 **동기 부여**가 부족하다. 그래서 나는 이번 장에서 (1)하나님의 자비, (2)성령의 은사, (3)성자의 재림이라는 세 가지 동기를 성경에서 찾아 주려 한다. 이 동기들은 섬김을 향한 우리의 열정에 불을 지피고, 섬김에 지친 우리에게 활력을 되찾아 줄 것이다. 우리는 첫 번째 동기를 통해 하나님께서 우리를 위해 하신 일을 되돌아볼 것이다. 두 번째 동기에서는, 우리가 섬김의 능력을 받았고 그래서 우리는 섬길 수 있음을 되새길 것이다. 세 번째 동기에서는, 우리의 섬김이 헛되지 않음을 기억할 것이다! 이 복음적 동기는 "나는 섬겨야 하니까 섬긴다."를 넘어서, 섬김의 이유를 우리에게 심어 줄 것이다.

하나님의 자비라는 동기

예수님의 십자가를 바라볼 때, 우리는 하나님께서 예수 그리스도 안에서 우리를 위해 하신 일을 기억하게 된다. 우리는 죄를 용서받았고, 하나님 앞에 서게 되었으며, 하나님과 평화를 누리게 되었다. 이렇게 하나님의 자비가 드러나면 우리의 예배와 순종이 뒤따른다.

로마서 12장에서 바울은 죄인을 향한 하나님의 자비를 강조하고, 이어서 그리스도인들에게 하나님을 섬기라고 말한다. 이때 바울이 "그러므로"(롬 12:1)를 사용한 것은 초점이 바뀐다는 신호로, 바로 앞 9-11장에서 바울이 논한 메시아를 통해 하나님께서 보여 주신 은혜롭고 자비로운 구원을 떠올리게 한다(롬 9:15-18; 10:11-13). 또한 9-11장으로 이끈 더 큰 부분을 되새기게 한다(롬 1:16; 8:39). 우리는 하나님의 "자비"의 관점에서 살라는 권면을 받는다(롬 12:1). 즉, 우리는 그리스도 안에서 우리를 향한 '하나님의 구원의 섭리'에 의해 동기를 부여받아, 이러한 복음의 자비 위에 우리 삶을 세워야 한다. 여기에는 구원받은 자로서 지금 누리는 능력과 소망을 인식하는 일이 따른다.

하나님의 자비를 적극적으로 묵상할 때, 우리는 하나님을 향한 예배와 섬김에 삶을 헌신하게 된다(롬 12:1-2). 바울은 이렇게 말했다. "그러므로 형제들아 내가 하나님의 모든 자비하심으로 너희를 권하노니 너희 몸을 하나님이 기뻐하시는 거룩한 산 제물로 드리라 이는 너희가 드릴 영적 예배니라"(롬 12:1). 요점은 "오직 너희 자신을 … 하나님께 드리라"는 것이다(롬 6:13). 이것이 "영적 예배"다. 이 단어는 '합리적인 예배' 혹은 '이성적인 예배'라고 번역이 되는 편이 더 낫다. 즉, 우리를 향한 하나님의 자비를 면밀히 고려할 때, 그분께 우리 자신을 드리는 것이 논리적이고 합리적이며 이성적인 반응이라는 것이다.

'산 제사'라는 개념은 기독교의 가르침에서 아주 중요하다. 초기 기독교 역사에서, 종종 신자는 무신론자로 고발당했다. 그 흔하디 흔한 성전도, 우상도, 희생 제물도 없었기 때문이다. 물론 살아 계신 하나님을 예배하는 우리는 무신론자가 아니다. 다만 우리의 희생 제물은 인간이다. 우리는 예배 중에 **우리 자신**을 하나님께 드리기 때문이다. 우리는 주일마다 드리는 예배나 예배 순서 중 하나인 찬양으로써가 아니라 섬김으로써 예배한다. 우리는 온전히, 거룩하게 구별된 예배자로 부름을 받았다. 삶의 모든 영역이 하나님께 드려졌다. 그것은 마치 우리가 헌금함에 우리 자신을 드리는 것과 같다! 자신에 대해 죽는 것은 "하나님이 기뻐하시는 거룩한" 것이다(롬 12:1). 우리가 하나님의 백성을 섬기기 위해 우리 자신을 희생제물로 드릴 때마다 온 우주 만물의 하나님이 기뻐하신다니, 놀랍지 않은가!

우리의 몸을 하나님께 드린다는 의미는 2절에서 설명된다. 2절에는 "본받지 말고"와 "변화를 받아"라는 두 가지 명령이 있다. 첫째, (필립스 성경이 번역한 대로 하자면) **세상이 당신을 쥐어짜서 세상이 원하는 대로 당신을 만들도록 하지 말라.** 우리는 세상과 다르게 생각해야 한다. 둘째, **당신의 마음을 새롭게 함으로 변화를 받으라.** 우리는 인간성을 상징하는 "육신의 생각"(롬 8:7)과 이교도의 "상실한 마음"(롬 1:28)을 끊어 내야 한다. 우리의 마음은 성령님에 의해 새로워져야 한다(롬 7:6; 8:27). 여기에는 선하고 옳으며 아름다운 것에 마음을 주고(참고. 빌 4:8), 옛 사고방식으로 되돌아가지 않으며(엡 4:22-32), 성경의 진리로 마음을 풍성히 채우고(골 3:16), 그리스도 안에서 하나님의 영광을 묵상하는 것(고후 3:18)을 포함한다.

자아를 변화시키고 마음을 새롭게 하는 목적은 "하나님의 선하시고 기뻐하시고 온전하신 뜻이 무엇인지 분별"하기 위해서다(롬 12:2). 이 말은, 하나님을 경외하는 것이 무엇인지 제대로 알아서 스스로 하나님의 뜻에 순종할 수 있다는 뜻이다.

그러므로 교회를 섬길지 말지, 어떻게 섬길지 고민할 때 당신을 향한 하나님의 자비를 생각하라. 당신이 받아 마땅한 심판을 기억하라. 그 심판 대신에 하나님께서 당신에게 주신 구원을 생각하라. 이것이 삶의 예배를 자극해야 한다.

성령의 은사라는 동기

바울의 말은 아직 끝나지 않았다. "[왜냐하면] 내게 주신 은혜로 말미암아 너희 각 사람에게 말하노니 마땅히 생각할 그 이상의 생각을 품지 말고 오직 하나님께서 각 사람에게 나누어 주신 믿음의 분량대로 지혜롭게 생각하라"(롬 12:3, 개역개정에는 번역되지 않았으나 영어 성경에는 전치사 'for'가 있다.-편집자 주). 이 구절에서는 "왜냐하면"이라는 단어가 중요하다. 3절의 말을 2절과 연결하는 단어이기 때문이다. 마음을 새롭게 하라고 신자들에게 강권한 후에 바울이 처음으로 한 말은 **"자신을 너무 높게 여기지 말라."**였다.

이 말은 자신을 혐오하라는 뜻이 아니다. 오히려 '마땅한 생각'으로 생각하라는 것이다. 즉 현실에 기초해서 정확히 생각해야 한다. 팀 켈러는 이렇게 말했다.

우리가 잘하는 것과 할 수 있는 것을 인정해야 한다. 그렇게 하는 것이 다른 사람을 섬길 수 있게 하기 때문이다. 우리는 자신에 대해 정확히 인식해야 한다. 너무 낮게도 너무 높게도 여겨서는 안 된다.[1]

"각 사람에게 나누어 주신 믿음의 분량대로"(롬 12:3)의 의미에 대해서는 의견이 분분하지만, 영적인 은사(롬 12:4-8)라는 곧 등장할 구절에 비추어 읽는 것이 내 생각에는 최선의 선택이다. 이렇게 읽으면 "믿음의 분량"은 하나님께서 각 사람에게 나누어 주신 서로 다른 영적 역량을 가리킨다. 이에 따르면 믿음의 분량은 하나님께서 분배하신 '영적인 은사'와 같은 의미다.[2] 하나님께서는 각 사람에게 은혜와 믿음의 분량을 주셨다. 즉 모든 믿는 자는 각각 은사를 받았다(벧전 4:10). 그러니 우리는 은사에 대해 자신을 너무 높게(또는 너무 낮게) 여겨서는 안 된다. 오히려 겸손하고 신실한 청지기가 되어야 한다.

고린도전서 12-14장에서 바울은 사랑에 관한 아름다운 문단을 영적인 은사에 관한 가르침 사이에 넣었다. (고린도전서 13장은 결혼식장에서 읽히라고 쓰인 게 아니다. 본래, 은사에 관한 우리의 시선이 교회 섬김이 아니라 자기 홍보에 집중되는 것을 바로잡기 위해 쓰였다.) 로마서 12장에서는 영적인 은사(3-8절) 뒤에 **사랑**(9-21절)에 관한 설명을 이어 간다. 바울은 이렇게 고린도전서와 로마서에서 모두 은사의 사용을 논하면서 교회를 몸에 비유한다(고전 12:12-31). 기독교는 공동체적이다. 기독교는 사랑의 섬김을 요구한다. 그래서 우리는 사랑 안에서 몸 된 교회를 위해 우리의 은사를 사용해야 한다.

"우리가 한 몸에 많은 지체를 가졌으나 모든 지체가 같은 기능을 가진 것이 아니니 이와 같이 우리 많은 사람이 그리스도 안에서 한 몸이 되어 서로 지체가 되었느니라"(롬 12:4, 5). 바울은 교회를 "그리스도의 몸"에 비유하기를 매우 좋아했다(참고. 엡 2:16; 3:6; 4:4, 25; 5:29). 몸에는 많은 지체가 있고 각 지체가 중요한 기능을 수행하듯, 교회도 그렇다. 이 비유는 우리의 **다양성**과 **하나 됨**을 둘 다 말한다. 우리는 다양하다. 각 지체는 독특하고 중요하며, 우리에겐 손가락과 발가락이 모두 필요하다. 동시에 우리는 하나다. 그리스도 안에서 한 몸이다. 화장실에 가야 할 때, 당신의 몸에서 얼마나 많은 지체가 함께 가는가? 전부다! 우리는 한 몸이다.

바울은 로마서 12장에서 일곱 가지 영적 은사를 언급했다(롬 12:6-8). 이것은 빠진 것 없는 철저한 목록이 아니라 은사의 예시다. (고린도전서 12장 7-10절, 28-30절, 에베소서 4장 11절, 베드로전서 4장 10절에서는 다른 은사를 언급한다.) 로마서 12장의 목록에서 우리가 기억해야 하는 것은, **탁월함**과 **열정**으로 은사를 **사용**하라는 바울의 요구다. "우리에게 주신 은혜에 따라 우리가 받은 선물이 각각 다릅니다. 우리는 이것을 분수에 맞게 사용해야 합니다. 만일 그 선물이 예언이라면 믿음의 정도에 맞게 하고 섬기는 일이면 봉사함으로, 교사는 잘 가르침으로 하십시오. 권면하는 사람은 격려의 말로, 남을 구제하는 사람은 후하게, 지도자는 열심으로, 자선을 베푸는 사람은 기쁨으로 하십시오."(롬 12:6-8, 현대인의성경).

이 은사들은 크게 두 가지 범주로 묶을 수 있다. 말하는 은사와 섬김의 은사, 또는 언어적 은사와 비언어적 은사다.[3] 말하는 은사에는 예언, 가르침, 권면, 지도력이 포함된다. (물론 지도력은, 가르침의 대부분이 그렇듯이, 비언어적 섬김과도 연결되기 때문에 다른 범주일 수 있다. 하지만 대개 가르침과 아주 많이 연관되어 있다.) 섬김의 은사는 교회가 모일 때의 섬김과 자선의 행위를 포함한다. 섬김은 말만 하고 전혀 섬기지 않는 것을 의미하지 않는다. 섬기기만 하고 말하지 않아야 한다는 의미도 아니다! 그저 말과 행위의 은사를 적절히 발휘함으로써 그리스도의 몸 안에서 함께 기능해야 함을 말한다. 말의 은사와 행위의 은사를 사용할 때, 우리는 그리스도의 몸을 세우고 하나님께 영광을 돌릴 수 있다.

말하는 은사 가르침은 다른 신자를 세우기 위해 공식적, 비공식적 상황에서 자세히 설명하는 일과 관련된다. 권면은 위로, 격려, 간청 등 넓은 의미가 있으며, 마찬가지로 공식적, 비공식적 상황에서 모두 이루어진다.

로마서 12장에서 가장 논란이 되는 은사는 예언이다. 여기서 예언은 가르침이나 권면과는 별개로, 설교나 가르침과 동등하게 취급하면 안 된다. 당신의 교회 지도자가 이에 대한 기준을 갖고 있을 것이다. 그러니 여기서 나는 특별한 입장을 옹호하지는 않겠다. 다만 조금 이야기하자면, 나는 예언은 하나님의 말씀을 구체적인 상황에 맞게 자발적인 방법으로 적용하는 것이라고 본다.

섬김의 은사 섬김은 가난한 자들을 실제적으로 돕는다는 의미를 담고 있다. 이런 겸손한 섬김은 우리 주님을 반영한다(참고. 막

10:42-45). 구제의 은사를 가진 사람은 하나님의 부요하심을 반영하는 '후함'으로 은사를 발휘하도록 부름을 받았다(고후 8:9). 지도력의 은사를 가진 사람은 '열심으로' 지도해야 한다. 가난한 자, 약한 자, 상처 입은 자를 위해 사역하는, 자선의 은사를 가진 사람은 억지로가 아닌 '기쁨으로' 자신을 보여 주이야 힌다.

말하는 은사와 섬김의 은사를 모두 사용하라는 말을 새기라. 또한 우리의 행동 뒤에 숨은 마음가짐인 후함과 열심, 기쁨을 기억하라. 하나님은 우리의 외적인 행동만이 아니라 마음과 동기를 보신다.

영적인 은사에 관하여 여러 논의와 논쟁이 있지만, 나는 **몸 된 교회를 위해 당신의 은사를 열정적으로 사용하라**는 뚜렷한 요점을 강조하고 싶다. 우리는 다른 사람들의 은사에 힘입어 강건해지기 위해 교회에 속해야 한다. 그리고 다른 사람들이 우리의 은사에 힘입어 세워져야 하기 때문에 교회에 속해야 한다! 은사는 자기만족이나 자기 예찬을 위해 주어진 게 아니다. 혹은 당신의 단상을 만들라고 주어진 것도 아니다. 그리스도인은 자신의 은사를 교회에게 주지 않을 권리가 없다. 하나님께서 이런 은사를 주신 이유는 교회를 사랑하시기 때문이다. 그러므로 우리는 형제자매의 유익을 위해 우리의 은사를 사용해야 한다.

"저의 은사를 어떻게 알 수 있나요?"는 우리가 자주 하는 질문이다. "제가 받은 은사로만 일해야 하나요?" 역시 그리 다르지 않은 질문이다. 첫 번째 질문에 관해서, 팀 켈러는 바울이 제시한 은사를 분별하는 두 가지 방법으로 답한다. [4]

1. **성찰** '마땅한 생각'을 하라는 부르심에 비추어 볼 때, 다음 질문을 던져 보라. "나는 무엇을 할 때 즐거운가? 그 일을 나는 잘하는가? 나는 어떤 종류의 사역을 하고 있는가? 나는 어떤 문제점에 가장 주목하는가? 나는 어떤 기회를 잘 포착하는가?"

2. **경험** 당신의 은사를 '사용'하라는 바울의 진술에 비추어 볼 때, 당신에게 어떤 은사가 있는지 알려면 경험이 필요하다. 팀 켈러는 "영적인 '적성'을 알아보는 방법으로는 모든 종류의 사역을 시도해 보는 게 가장 좋다."라고 말한다. 그리고 당신의 경험을 더 잘 시험해 보려면 목록을 작성해서 성경의 은사들을 연구해야 한다고 덧붙인다.

핵심은 당신의 은사가 당신을 위해서가 아니라 몸 된 교회를 세우기 위해서 존재한다는 단순하고도 도전적인 진리다.

두 번째 질문에 대한 나의 대답은 "아니요."다. 교회를 섬길 때 특별히 은사를 받은 분야로만 제한할 필요는 없다. 자신이 받은 은사에 따라 섬기면 더 큰 열매와 기쁨을 얻겠지만, 다른 면을 무시해서는 안 된다. 누군가에게 구제의 은사가 있다고 해서, 그 은사를 가진 사람들만 교회 사역에 물질적으로 후원해야 하는 건 아니다! 누군가에게 가르침의 은사가 있다고 해서, 그들이 제자를 삼아 가르쳐 지키게 하라는 부르심을 받은 유일한 사람들이라는 뜻도 아니다(마 28:18-20). 다른 교인은 자선의 은사가 없을 수 있다. 그림에도 우리는 모두 자비를 보이라는 부르심을 받았다(미 6:8). 그러므로 나는 당신이 가진 영적인 은사를 사용하는 방법을 찾아보라고 격려하며, 동시에 당신에게 가장 은사가 없을 것 같은 곳에도 섬김을 자원해 보라고 권하고 싶다. 그 섬김을 사랑의 섬김으로 여기라. 완벽한 기회를 잡으려고 곁길에서 기다리지 말고, 뛰어들어서 동참하라.

그리스도의 재림이라는 동기

다음 말씀에서 우리는 섬김을 위한 또 하나의 중요한 동기를 찾을 수 있다.

"만물의 마지막이 가까이 왔으니 그러므로 너희는 정신을 차리고 근신하여 기도하라 무엇보다도 뜨겁게 서로 사랑할지니 사랑은 허다한 죄를 덮느니라 서로 대접하기를 원망 없이 하고 각각 은사를 받은 대로 하나님의 여러 가지 은혜를 맡은 선한 청지기 같이 서로 봉사하라 만일 누가 말하려면 하나님의 말씀을 하는 것 같이 하고 누가 봉사하려면 하나님이 공급하시는 힘으로 하는 것 같이 하라 이는 범사에 예수 그리스도로 말미암아 하나님이 영광을 받으시게 하려 함이니 그에게 영광과 권능이 세세에 무궁하도록 있느니라 아멘"(벧전 4:7-11).

"마지막이 가까이 왔다." 구속사의 마지막 움직임이 바로 코앞이다. 그리스도께서 모든 영광 중에 다시 오실 것이다. 그러므로 부지런히 섬기라!

그리스도의 재림에 대한 예견은 종종 광신주의나 세상과의 극단적인 단절을 낳는다. 하지만 여기서 베드로는 극단에 치우쳐 말하지 않았다. 오히려 그리스도인의 기본 생활을 강조했다. 그는 정신을 차리고 근신해서 강력한 기도와 뜨거운 사랑, 은혜로운 환대에 참여하고 우리의 은사를 사용하라고 말한다. 이 모든 섬김과 말은 하나님의 영광을 위해서, 하나님의 힘에 의해 이루어진다.

종말 신학(마지막 일들에 관한 해석)은 우리를 광신도가 아니라 신실한 성도로 만들어야 한다. 그리스도의 재림에 비추어 볼 때, 우리가 교회를 섬기는 일원으로 부르심을 받은 이유는 신실한 사역으로 몸 된 교회를 세우기 위함이다. 마지막이 가까우니, 기도하라. 마지막이 가까우니, 서로 뜨겁게 사랑하라. 마지막이 가까우니, 환대하라. 마지막이 가까우니, 섬기라.

예수님이 다시 오실 것을 믿는가? 예수님이 오셔서 신실하게 그분을 섬긴 자들에게 상 주실 것을 믿는가? 그렇다면 그 믿음이 당신의 마음을 움직여서 교회를 섬기게 하라. 섬김을 위해 공식적인 지위는 필요 없다. 편리하고 재미있으며 남의 눈에 띄는 것들로 당신의 섬김을 제한하지 말라. 그 섬김이 재미없거나 사소해 보일지라도, 그리스도와 그분의 백성을 향한 사랑으로 섬기라. 예수님을 만나고 "잘하였도다 착하고 충성된 종아!"라는 말씀을 들을 때, 당신은 당신이 한 일에 대해 매우 기뻐하게 될 것이다!

우리는 섬김을 위해 부르심을 받았고 은사도 받았다. 그런데 어떻게 해야 '열정적인 섬김'을 지속할 수 있을까? 여기 몇 가지 생각해 볼 아이디어가 있다.

실천 사항

다음을 읽고, 당신의 실천 계획을 세우십시오.

- **당신에게 정기적으로 동기를 부여해 줄 복음의 진리 안에 깊이 거하라.**
  신실한 그리스도인의 섬김은 신학적인 진리(하나님의 자비, 성령의 은사, 그리스도의 재림 등)에서 비롯된다. 그러니 하나님의 구속 사역을 충분히 묵상하라. 팀 켈러의 글을 보라. "하나님께 대한 온전한 순종의 실패는, 도덕적인 실패일 뿐만 아니라 명쾌한 사고의 실패이기도 하다."[5] 하나님의 은혜와 자비를 정기적으로 깊이 묵상하라. 그리고 넘치는 감사와 기쁨으로 섬기라.

- **제자도는 앎과 연관된다는 사실을 기억하라.**
  성숙은, 성경적 진리를 명확하게 설명하는 방법이며, 성경적 진리를 삶으로 살아 내는 것이다. 많은 그리스도인이 성경에 대해서는 많이 알지만 누군가를 섬기지는 않는다. 교회에 소속되지 않은 사람도 있다. 하지만 성숙은 신실하게 그리스도인의 삶을 살아 냄으로써 이루어진다. 그리고 그 삶은 섬김과 연결된다. 이 시대는 '정보의 시대'라고 불리는데, 슬프게도 '적용의 시대'라고는 불리지 않는다. 연구와 컨퍼런스, 블로그, 소셜 미디어에 한없이 몰두하지 말라. 가서 발을 씻기라.

- **섬김의 마음을 불러일으키기 위해 말씀 설교와 세례, 성찬의 집례를 사용하라.**
  설교 말씀을 들을 때마다, 죄를 깨닫고 변화되게 해 달라고 주님께 구하라. 죄를 깨닫는 것은 좋은 일이다. 또 아버지의 사랑의 표지다. 하나님은 채찍이 아니라 말씀으로 우리를 훈계하신다. 당신이 죄를 깨닫고 도전을 받을 때, 회개하라. "말씀을 행하는 자"(약 1:22)가 되기 위하여 변화를 위한 계획을 세우라. 누군가의 세례를 지켜볼 때, 당신의 세례를 되새기라. 세례가 무엇을 상징하는지, 옛 생활의 죽음과 새 생활의 도래를 기억하라. 성찬에 참여할 때는 마음을 점검하고 예수님께 감사하며 장차 올 나라를 떠올리라. 이 거룩한 성찬이 당신 안에서 섬김의 열정을 새롭게 할 것이다.

- **비평가가 아닌, 종이 되라.**

  논쟁하고 비판하기는 쉽다. 하지만 다른 길을 선택하라. 설령 당신의 섬김이 작고 의미 없어 보인다 해도, 겸손히 예수님과 그분의 백성을 섬기는 기회를 붙잡으라. 새가족을 환영하며 맞이하라. 대학생을 집으로 초대하라. 교회에 후하게 헌금하라. 교회의 어린이를 돌보라. 주일 학교에 자원하라. 의자를 정리하라. 찬양팀에서 연주하라. 소그룹에서 힘들어하는 자들을 섬기라. 어르신에게 음식을 가져다드리라. 학생을 가르치라. 이것은 예수님의 이름으로 착한 일을 하는 아주 적은 예시다. 당신은 섬기기 위해 부름을 받았고 은사도 섬김을 위해 받았다. 당신은 기꺼이 교회를 섬기겠는가?

- **봉사가 필요한 영역을 계속해서 확인하고, 할 수 있는 섬김을 제공하라.**

  일의 진행 상황과 참여 방법을 알기 위해 광고, 주보 등 소통 채널에 관심을 기울이라.

- 교회 리더에게 특별히 필요한 것이 무엇인지 묻고, 할 수 있는 대로 섬기라.

당신의 은사를 사용할 기회, 혹은 단순히 누군가에게 도움을 제공할 기회가 있을 것이다.

- 당신과 지체들이 "기쁨으로 여호와를 섬기"기를 기도하라(시 100:2)!

아내에게 멋진 생일 선물을 줄 때, "왜 이 선물을 골랐어요?"라고 아내가 물으면 나는 "그래야 하니까."라고 대답하지 않는다. 그 답은 아내를 존중하지 못하기 때문이다. 아내를 존중하는 태도는 "그게 나의 즐거움이라오. 당신 같은 사람은 없소."라고 대답하는 것이다. [6] 마찬가지로, 기쁨으로 섬기는 태도는 하나님께 당신의 사랑을 부어 드리고 하나님께 영광을 돌리는 것이다. 왜냐하면 하나님은 무한한 찬양을 받기에 합당하시고, 영광스러운 존재로서 유일하시기 때문이다.

토론 가이드

로마서 12장 1-21절을 읽으십시오.

1. 온전한 삶의 예배는 무엇입니까? 무엇이 그 동기가 됩니까(1, 2절)?

2. 우리의 정체성은 무엇입니까(5절)? 이 사실은 우리의 섬김을 어떻게 도와줍니까?

3. 9-21절은 도전적인 가르침을 줍니다. 이 가르침은 왜 실천하기 어렵습니까? 그 가르침이 어떤 차이를 만들어 낼 수 있습니까(21절)?

4. 하나님께서 당신에게 주신 은사는 무엇입니까? 그 은사를 당신의 교회를 위해 어떻게 탁월함과 열정과 겸손함으로 사용할 수 있습니까?

5. 당신의 교회에는 어떤 필요가 있습니까? 그 필요를 채우기 위해 당신이 할 수 있는 일은 무엇입니까?

6. 바울의 가르침을 비추어 볼 때, 당신의 교회나 삶에 부족한 것은 무엇입니까? 이 구절을 읽은 후, 당신은 어떻게 기도하겠습니까?

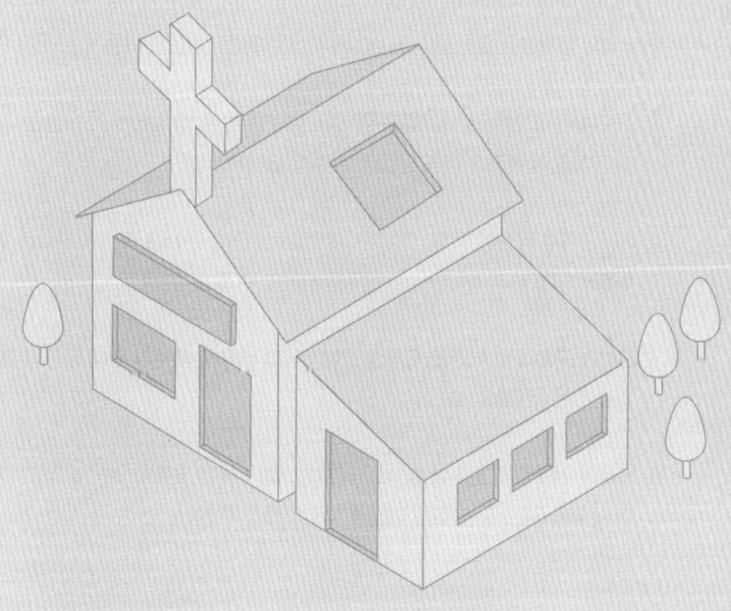

토니 메리다 목사님의
6장 가이드 영상으로 연결됩니다.

6.
존경: 겸손한 목자 따라가기
Honoring

　많은 사람이 자신의 지도자에 대해 부정적인 시각을 가지고 있다. 일반적으로 지도자에 대한 회의와 비판이 많은데, 특히 오늘날의 정치계가 그렇다. 하지만 비즈니스, 교육 기관, 가족, 스포츠 세계에서도 마찬가지다. 지도자에 대한 불신도 많고, 지도자에게 받은 상처도 많다. 이러한 부정적인 시각은 종교 지도자를 바라보는 시각에까지 영향을 미친다. 나는 자기 잇속만 차리는 지도자에 대한 좌절감에 깊이 공감한다. 그 지도자들이 보여 준 리더십의 실패, 타인에 대한 학대로 인한 불만에도 공감한다. 그리고 일부 교회 지도자들이 야기했고 또 야기하고 있는 고통에 대해서도 큰 슬픔을 느낀다.
　나는 그래서 이번 장의 주제, 목사를 존경하는 것에 대해 당신이 발끈하는 이유도 이해한다. 하지만 이 역시 다른 모든 문제처럼,

성경이 우리를 빚어 가게 해야 한다. 나쁜 지도자와 좋은 지도자가 공존하는 모습과 좋은 지도자를 존경하라는 요청은 성경에서도 발견할 수 있다.

바울은 거짓 교사와 부패한 지도자에 관해 종종 언급한다. 예를 들어, 로마교회에게 이렇게 말했다. "너희가 배운 교훈을 거슬러 분쟁을 일으키거나 거치게 하는 자들을 살피고 그들에게서 떠나라"(롬 16:17). 또한 신실한 목사와 지도자에 관해서도 종종 언급한다(예를 들어, 딤전 3:1-7; 4:11-16; 5:17). 바울은 명예로운 지도자와 불명예스러운 지도자가 있다는 사실을 잘 알고 있었다(딤후 2:20, 21).

베드로도 마찬가지였다. 장로 · 목사 · 감독(여기서 우리는 보통 '목사'라는 단어를 사용하겠지만, 신약 성경에서는 이 용어들이 호환된다. 참고. 행 20:17, 28; 딛 1:5, 7)에 관해 편지를 쓸 때, 그는 순진하지 않았다. 부패한 지도자들이 있다는 것을 그도 알고 있었다. "백성 가운데 또한 거짓 선지자들이 일어났었나니 이와 같이 너희 중에도 거짓 선생들이 있으리라"(벧후 2:1). 하지만 교회에 부패한 지도자가 있다고 해서 신실한 지도자가 없는 건 아니다. 신실한 지도자를 존경해서는 안 된다는 것도 아니다. 하나님께서 세우신 교회 안의 모든 구성원은 목자장(예수님)을 섬기는 겸손한 작은 목자가 필요하다. 그리고 작은 목자에게는 구성원들의 존경과(살전 5:12) 뒤따름이(히 13:7) 필요하다. 신실한 목자가 예수님을 따르며 그분의 말씀에 복종할 때, 하나님의 백성은 그 목자를 기쁘게 따라간다.

행복하고 거룩하며 겸손한 목자

'신실한 지도자'란 무슨 뜻일까? 목사는 자기 일을 즐거이 하라고 부르심을 받았다(벧전 4:2). 그리고 하나님 앞에서 거룩한 삶을 살라고 부르심을 받았다. 또한 예수님처럼 겸손히 섬기는 리더로 부르심을 받았다(참고. 요 13:1-35). 이렇듯 목사의 자격은 대개 능력이 아니라 성품과 관련된다(참고. 딤전 3:1-7). 그러나 분명한 건, 목사도 완벽하지 않다는 것이다. 그래서 힘든 날도 겪고 실수도 한다. 그럼에도 목사는 삶의 목적과 방식에서 행복과 거룩과 겸손을 뚜렷이 나타내야 한다.

교회는 그런 지도자 아래에서 성장한다. 그리고 목사의 이런 성품은 찰나의 유희와 부도덕, 오만으로 가득한 세상에서 반짝반짝 빛난다. 내 목회 롤모델 가운데 그런 삶을 구현해 낸 지도자가 한 명 있다. 바로 존 스토트다. 팀 체스터(Tim Chester)는 『그리스도인의 삶을 산 스토트』(Stott on the Christian Life)에서 어느 기자가 스토트를 인터뷰한 이야기를 전한다. 기자는 이렇게 물었다. "당신은 눈부신 경력을 가졌군요. 케임브리지대학을 수석으로 졸업했고, 29교구의 목사이자 여왕 직속 사제였네요. 이제 당신의 포부는 무엇입니까?" 스토트가 대답했다. "예수님을 더욱 닮는 것입니다." 그것은 스토트에게 있어서 주일 학교식 대답 그 이상으로, 곧 그의 삶의 방식이었다. 그는 자주 성경을 펼치고 무릎을 꿇은 채 설교를 준비하던 사람이었다.

주변 사람들 사이에서 스토트는 겸손한 종이었다. 르네 파딜랴(René Padilla)는 스토트와 함께 아르헨티나를 다녀온 후, 이렇게 전했다. 그들은 늦은 밤 쏟아지는 빗속에 목적지에 도착했고, 온몸은 진흙투성이가 되어 있었다. 다음 날 아침, 잠에서 깬 파딜랴는 스토트가 자신의 신발을 닦고 있는 걸 발견했다! 그가 만류하자 스토트는 말했다. "존귀한 르네, 예수님은 서로의 발을 닦아 주라고 말씀하셨어요. 오늘날 우리는 예수님 시대의 사람들처럼 발을 닦을 필요는 없지만, 저는 당신의 신발은 닦을 수 있죠." 스토트를 오래도록 보좌한 비서인 프랜시스 화이트헤드(Frances Whitehead)는 그를 이렇게 칭찬했다. "그분이 여러 해 동안 정말 매일같이 제 사무실 휴지통을 비워 주신 건, 지금 생각해도 놀랍습니다."[1]

특별하지도 않고 평범한 이 예화들은 스토트의 사적인 삶이 공적인 삶과 얼마나 일치했는지 보여 준다. 놀랄 만한 이야기는 아니지만, 지저분한 스캔들이 넘쳐 나는 세상에서 이런 이야기는 우리에게 도전이 된다. 런던현대기독교연구소(London Institute of Contemporary Christianity)에 소속되어 스토트를 잘 알았던 켄 페레즈(Ken Perez)는 이렇게 말했다. "어떤 사람들은 공적인 삶만 감동적이고 사적인 삶은 실망스럽다. 하지만 존 스토트는 정반대다. 그는 공적으로보다 사적으로 만날 때 훨씬 더 감동적이다. 예수님을 닮은 그의 온유함과 친절함, 진실함은 결코 잊을 수가 없다." 주님께서 이와 같은 지도자를 더 많이 일으켜 주시기를 기도하자!

목회에 관한 짧은 설명

어떤 이들은 목사를 CEO와 비슷하게 생각한다. 또 어떤 이들은 군대 장군과 비슷하게 여긴다. 하지만 세상의 리더십을 교회에 적용할 수는 없다. 만약 평신도가 (혹은 리더가) 목사에 대해 적절한 기대를 갖지 못한다면, 얼마 못 가 실망하고 속병을 앓게 될 것이다. 그렇다면 우리는 목사 · 장로 · 감독에게 무엇을 기대해야 할까? 베드로는 목사의 '직무'와 '마음가짐', '보상'이라는 세 가지 측면을 우리에게 제시한다.

베드로는 자신을 "함께 장로 된 자"(벧전 5:1)로 소개한다. 장로를 여러 명 두는 일은 신약 성경에서 일반적인데(예를 들어, 벧전 5:5; 행 11:30; 15:2; 딛 1:5), 이때 그 용어는 역할, 곧 '직무'를 가리킨다. 나이가 아니라 영적인 감독의 일을 가리키는 것이다.

모든 교회의 지도자들 역시 죄인이기 때문에 한 사람의 손에 권력을 집중시키는 것은 잠재적인 재앙을 불러올 수 있다. 그래서 교회는 여러 명의 **장로들**을 두려고 한다. (아니, 두어야 한다.) 이때 장로들은 '예스맨'이 되어서는 안 된다. 이를 적용하는 방식은 교회마다 다르다. 예를 들어, 우리 교회는 보수를 받는 목사 · 장로와 보수를 받지 않는 목사 · 장로가 있다. (우리 교회는 두 형태가 균등한 편이다.) 당신의 교회가 어떤 체제를 가지고 있건, 그 목표는 당신의 목자들이 함께 협력하여 양 떼를 돌보고, 양들이 서로를 돌보도록 권한을 부여하는 것이어야 한다. [2]

직무 베드로는 "너희 중에 있는 하나님의 양 무리를 치"라는 '목자'의 책임을 강조한다(벧전 5:2). 목자의 업무는 사려 깊고 능숙하게 양을 목양하고 감독하며 돌보는 것이다. 이 개념은 성경에 풍성히 등장하는 주제로, 목사가 자신의 역할을 이해할 수 있도록 아름다운 배경을 제공한다. 선한 목자는 **양을 알고, 양을 인도하며, 양을 보호하고, 양을 먹인다.** ³

마음가짐 베드로는 목자의 마음에 대해 많은 지면을 할애하면서까지 교회 지도자가 빠지기 쉬운 유혹을 몇 가지 언급한다. "억지로 하지 말고 하나님의 뜻을 따라 자원함으로 하며 더러운 이득을 위하여 하지 말고 기꺼이 하며 맡은 자들에게 주장하는 자세를 하지 말고 양 무리의 본이 되라"(벧전 5:2, 3).

그러므로 첫째, 목사는 억지로가 아니라 **자원함으로** 섬겨야 한다. 이 말은 아무도 신자에게 목사가 되어 달라고 애원해서는 안 된다는 뜻이다. 목사는 사모함으로 맡아야 한다(딤전 3:1). 더불어, 의무를 행할 때, "오, 이번 당회에 가야 한다니."라든가 "설교를 또 준비해야 한다니."라든가 "여기에 다녀와야 한다니."처럼 말하며 인색하게 굴면 안 된다.

둘째, 목사는 더러운 이득을 위해서가 아니라 **기꺼이** 섬겨야 한다. 신실한 목사는 사역에 대한 순수한 애정으로 동기를 부여받아야 한다. 이 말은 목사가 사례를 받아서는 안 된다는 뜻이 아니다(딤전 5:17, 18). 목회의 동기가 금전적인 이익 추구가 되면 안 된다는 뜻이다. 더 나아가, 목사는 교인들을 형편에 따라 편파적으로 대하면 안 된다. 신약 성경은 종종 거짓 교사와 신실하지 못한 지도자를 잘못된 물욕과 연결한다(참고. 딤전 6:3-5).

마지막으로, 목사는 지배하려 하지 않고 겸손한 **본**이 되어야 한나. 권력과 통제력에 대한 욕구는 종종 교회에 독이 된다. 기독교의 리더십은 왕이 되는 게 아니다. 자신의 삶을 내려놓고 겸손히 예수님을 따르며, 자신이 예수님을 따르듯이 다른 이들도 자신을 따르도록 초청하는 것이다(참고. 막 10:42-45; 딤전 4:12). 본을 보이는 리더십은 목회자 리더십의 본질이다(참고. 마 23:11; 빌 2:3-8).

목회자의 리더십에서 지배하려는 마음과 행동은 있을 수 없다. 교만과 이기심, 조작, 위협, 협박, 구조적인 권력 싸움 등이 목사의 특징이 되어서는 안 된다. 우리는 베드로가 "장로들에게 순종"하라고(벧전 5:5) 말하는 내용을 읽을 때, 그의 마음속에는 본을 보임으로써 인도하는 겸손한 목사들이 있었다는 사실을 기억해야 한다.

보상 목사는 예수님께 시선을 고정해야 한다. "목자장이 나타나실 때에 시들지 아니하는 영광의 관을 얻으리라"(벧전 5:4). 예수님은 진정한 "목자장"이시기에 장로들의 신실한 섬김에 보상해 주실 것이다. 목자들 역시 양이고 그들도 다른 어떤 구성원 못지않게 예수 그리스도의 구원의 은혜를 의지한다. 그들 역시 다른 모든 그리스도인처럼 예수님의 영광스러운 재림을 기다린다. 그래서 예수님이 다시 오실 때, 베드로전서 5장 2, 3절 말씀을 신실하게 살아 낸 목사들은 "시들지 아니하는 영광의 관"을 받을 것이다. 고대 그리스의 올림픽에서 수여하던 월계관과 달리, 신실하게 섬긴 자들에게는 시들지 아니하는 영광의 관이 수여된다.

그러므로 당신이 목사를 존중하기 위해 할 수 있는 일은, 그가 수고하며 일하는 동안 마음속에 이런 비전을 계속해서 품을 수 있도록 돕는 것이다. 그들이 놀랍고 영광스러운 소망을 계속해서 품을 수 있도록 도우라. 설교 준비는 진을 빼는 외로운 일인데다가 보상이 뒤따르지 않을 때가 많다. 게다가 목회적 돌봄은 눈에 띄지도 않고 밑 빠진 독에 물 붓는 일 같을 때가 많다. 하지만 목자장께서 그런 신실한 사역을 보고 계신다. 그리고 보상해 주실 것이다. 당신이 목사를 격려할 때, 예수님은 당신의 그런 신실함까지도 보고 계신다는 사실을 기억하라(고후 5:10; 벧전 1:9).

목사와 당신

신실한 지도자로 살기 위해 많은 목사가 애쓰고 있다. 물론 불완전하겠지만, 당신의 교회 지도자들이 이런 종류의 리더십을 추구한다면, 당신은 교회의 일원으로서 이렇게 그들을 대해야 한다.

"젊은 자들아 이와 같이 장로들에게 순종하고 다 서로 겸손으로 허리를 동이라 하나님은 교만한 자를 대적하시되 겸손한 자들에게는 은혜를 주시느니라"(벧전 5:5).

베드로는 겸손히 장로들을 따르지 않는 자("젊은 자들아")를 지적한다. 그리스도인들은 성숙해질수록 성경적 리더십에 관해 더 건강한 관점을 갖고 지도자에게 순종하며 복종하게 된다. "너희를 인도하는 자들에게 순종하고 복종하라 그들은 너희 영혼을 위하여 경성하기를 자신들이 청산할 자인 것 같이 하느니라 그들로 하여금 즐거움으로 이것을 하게 하고 근심으로 하게 하지 말라 그렇지 않으면 너희에게 유익이 없느니라"(히 13:17). 신실한 목자들이 당신을 잘 인도할 때, 당신은 그들의 리더십에 복종해야 한다. 여기에는 겸손한 마음가짐이 요구된다.

이 말은 장로들이 항상 옳다거나 그들이 언제나 일을 잘하기 때문에 교정할 게 없다는 뜻이 아니다. 베드로도 실수했다. 그의 실수는 누군가에게 책망을 받을 만한 일이었다(갈 2:11-14). 사도행전 6장에서 사도들은 헬라파 과부들을 구제에서 빠뜨렸는데 이 실수는 그들이 더 신경을 썼어야 하는 부분이었다. 그들이 의도한 것은 아니지만 그럼에도 그 일은 벌어지고 말았다.

이렇게 사도들에게도 약점과 맹점이 있는 것처럼, 확신컨대, 나에게도 약점과 맹점이 있다! 지도자들 앞에서의 겸손은 그들이 하는 일에 대해 절대 의심하지 말라는 뜻이 아니다. 어떤 문제에 대해 대화가 필요할 때 오만하거나 불쾌하게 굴지 않고 겸손하게 성경적으로 하라는 뜻이다(딤전 5:19, 20). 어떤 이들은 모든 일에 대해서 교회 지도자들에게 도전해야 한다고 생각한다. 또 어떤 이들은 그들이 실제로 무오하고 교정이 필요 없다고 간주한다. 이 두 가지 극단을 피하라.

신실한 목사들(그리스도 아래서 그분을 높이고 몸 된 교회를 세우며 섬기는 자들)을 가진 복된 교회에서, 그들의 리더십에 반응하는 다섯 가지 방법을 소개한다. (구체적인 방법은 실천 사항에서 제시하겠다.)

첫째, **신실한 목사를 존경하라.** "우리가 너희에게 구하노니 너희 가운데서 수고하고 주 안에서 너희를 다스리며 권하는 자들을 너희가 알고 그들의 역사로 말미암아 사랑 안에서 가장 귀히 여기며 너희끼리 화목하라"(살전 5:12, 13). 성경적 원칙과 예수님의 모범을 보이는 방식으로 발휘되는 리더십을 본다면, 그 지도자를 존경하라. 교회는 "서로 우애하고 존경하기를 서로 먼저 하"라고 부르심을 받았다(롬 12:10). 그 부르심에는 목회자들을 존경하는 일도 포함된다(딤전 5:17).

둘째, **목사를 사랑하라.** "사랑 안에서 가장 귀히 여기며 너희끼리 화목하라"(살전 5:13, 강조는 저자 추가). 우리는 목사를 멀리서 존경하는 것이 아니라 친밀하게 존경해야 한다. 또 목사와 성도 사이에는 깊은 애정이 있어야 한다(고후 6:11-13). 목사는 성도에 대한 사랑을 거두면 안 되고, 성도도 목사에 대한 사랑을 거두면 안 된다. "형제처럼 서로 따뜻이 사랑"해야 한다(롬 12:10a, 현대인의성경).

셋째, **목사를 본받으라.** "하나님의 말씀을 너희에게 일러 주고 너희를 인도하던 자들을 생각하며 그들의 행실의 결말을 주의하여 보고 그들의 믿음을 본받으라"(히 13:7). 목사는 삶과 가르침에서 본보기가 되라고 부르심을 받았다(딤전 4:16). 목사가 본을 보임으로써 교회가 세워진다. 그래야 하나님의 백성이 하나님의 말씀에 주의를 기울이고 경건한 본보기를 따를 수 있기 때문이다. 본받으라는 개념이 광신적으로 들릴지도 모른다. 그러나 교회가 광신도 집단이 되라는 건 요점이 아니다. 오히려 본받으라는 개념은 당신의 지도자의 행실과 사랑, 신앙, 순결을 보고 그런 삶을 닮아 가라는 뜻이다.

넷째, **목사에게 즐거움이 되라.** 앞에서 보았듯이, 히브리서의 저자는 그리스도인들에게 "너희를 인도하는 자들에게 순종하고 복종하라 그들은 너희 영혼을 위하여 경성하기를 자신들이 청산할 자인 것 같이 하느니라"고 말했다(히 13:17). "그들로 하여금 즐거움으로 이것을 하게 하고 근심으로 하게 하지 말라 그렇지 않으면 너희에게 유익이 없느니라"(히 13:17). 목사의 가르침에 반대함으로써 그들에게 짐이 되지 말라. 그리고 모임에 참석하기를 거절함으로써 그들에게 짐이 되지 말라. (대면으로든 온라인으로든) 다툼과 분쟁을 피하라. 교회 사역에 대한 재정적 지원을 하지 않음으로써 그들에게 짐이 되지 말라. 그들이 사역할 때, 그들의 요청에 귀를 기울이라. 그들이 하나님의 영광을 위해 그리고 당신을 위해 일하고 있음을 기억하라. 당신이 말씀의 가르침 아래 겸손히 앉아서 회개하고 변화되는 것을 보는 즐거움을 누리게 하라.

다섯째, **목사를 위해 기도하라.** 목사의 직무를 주의 깊게 살펴보면 자연스럽게 그들을 위해 기도하게 된다. 그들을 위해 할 수 있는 일 중에 이보다 더 좋은 일은 없다. 몇몇 장에서 우리는 바울이 교회에 기도를 부탁하는 장면을 본다(살후 3:1; 골 4:3, 4; 엡 6:18-20). 사도에게도 교회의 기도가 필요했다면, 당신의 목사는 더욱 그렇다! 어떤 사람이 19세기의 위대한 설교자 찰스 스펄전(Charles H. Spurgeon)에게 효과적인 사역의 비밀을 물었더니 그가 이렇게 대답했다. "제 사람들이 저를 위해 기도합니다."

모든 그리스도인에게는 목양이 필요하다. 목사를 향해 비난하기 쉽지만, 하나님께서 각각의 그리스도인을 위해, 몸 된 교회를 세우기 위해 교회에 지도자를 주셨음을 기억하라(엡 4:11-16). 나의 친구 타비티 얀야빌리(Thabiti Anyabwile)는 이렇게 말했다.

> 건강한 성도는 주님께 자신을 드린다. 그리고 그것이 하나님의 뜻인 줄 알기에 주님의 사역에도 자신을 드린다(고후 8:5). … 하나님은 자기 백성을 복되게 하시려는 목적으로 교회에 리더를 세우신다.[4]

나는 나를 존경해 주는 교인들에게 참 감사하다. 목사와 관계를 맺는 방법을 적용해 볼 수 있는 구체적인 실천 사항을 내 경험에 비추어 정리해 보았다.

실천 사항

다음을 읽고, 당신의 실천 계획을 세우십시오.

- **목사의 가르침에 귀를 기울이고, 소문이나 험담에 동참하지 않음으로써 목사를 존중하라.**

  설교 준비에는 많은 시간이 들어감을 기억하고 하나님의 말씀을 겸손히 받음으로써 목사를 존경하라(딤전 5:17). 그리고 목사에 관하여 분열을 일으키는 험담이나 사소한 불만 쏟아 놓기를 끝내기 위해 당신이 할 수 있는 일을 하라. 지도자와 그가 맡은 역할, 더 나아가 하나님을 존중하라. 우리의 유익을 위해 교회의 체계를 만드신 분은 하나님이시다.

- **친절을 베풂으로써 목사를 사랑하라.**

  감사를 표현해서 놀라게 하는 것은 어떤가. [매년 10월 목회자 감사의 달(미국에서는 10월을 목회자 감사의 달로 지킨다—역주)에만이 아니다. 물론 그것도 좋지만 말이다!] 목사가 무엇을 좋아하는지 메모해 두었다가 사랑의 표시로 깜짝 놀라게 하라. 감사 카드를 쓴다든지, 차 한 잔이나 간식을 대접한다든지, 문화 행사의 티켓을 선물한다든지 말이다. 예전에 어느 노부부가 아내와 내가 잠시 마을을 나갔다 온다는 걸 알고는 우리에게 수표를 쥐어 주면서 좋은 시간을 가지라고, 우리를 깊이 사랑한다고 말했다. 나는 그 일을 결코 잊지 못할 것이다. 목사가 휴가를 갖도록 도와주는 것은 어떤가. 그것은 그들에게 복이 될 뿐만 아니라 교회에도 복이 될 것이다.

- **목사의 가르침과 본보기에 대한 감사를 격려의 말로 표현하라.**

"첫째 주에 '좋은 설교'라고 말씀드렸잖아요. 그러니까 제 생각이 바뀌면 그때 다시 말씀드리죠."라는 태도를 버리라. 당신이 목사에 대해 하나님께 감사하고 있음을 지속적으로 사려 깊게 표현하라. 목사에게 이메일이나 카드를 보내서 격려할 수도 있고, 매주 예배당 문 앞에서 짧은 격려의 말을 전할 수도 있다. 구체적이면 구체적일수록 더 좋다! 목사에게는 그런 한마디가 중요하다. 당신이 그들에게 감사하고 있으며, 그들을 위하고 사랑한다는 것을 그들에게 알리라.

- **작은 일을 잘 해냄으로써 목사에게 즐거움이 되라.**

이 작은 일에는 시간을 엄수하는 것, 섬김에 자원하는 것, 격려자가 되는 것, 험담을 피하는 것, 리더와 평신도의 복지에 신경 쓰는 것, 후히 베푸는 것, 기뻐하는 마음가짐을 유지하는 것 등이 들어간다. 나는 솔직히 지금 내가 누리는 것보다 더 즐겁게 목회를 누린 적이 없다. (물론 도전도 있고 마음 아픈 일도 있다. 때로는 내가 50세까지 버틸 수 있을까 생각하기도 한다.) 이 즐거움은 우리 교회에서 작은 일을 잘 해내고 있는 정말 많은 성도 덕분이다. '작은 일'은 매우 중요하다.

- **개인적으로, 가족과 함께, 공동체와 함께 목사를 위해 기도하라.**

내가 우리 교인들에게서 듣는 가장 큰 축복의 말은 "우리 가족이 어제 저녁 식사 자리에서 목사님을 위해 기도했어요." 혹은 "우리 아이들이 잠자리에 들기 전에 목사님을 위해 기도했어요."다. 목사를 위한 당신의 기도는 그들에게 복이 될 뿐만 아니라 당신에게도 복이 될 것이다.

토론 가이드

베드로전서 5장 1-5절을 읽으십시오.

1. 베드로는 독자(장로와 다른 교인)들이 어떤 위험을 피하길 원합니까?

2. 목사들과 장로들이 하나님의 양 떼를 베드로의 가르침대로 인도하려는 목적은 무엇입니까?

3. 교인들이 "목사들과 장로들에게 순종"하는 목적은 무엇입니까?

4. 목사들과 장로들에게 순종하기 특히 어려운 영역은 무엇입니까? 당신도 교회에서 이런 긴장감을 경험해 보았습니까? 그런 상황에서 겸손, 존경, 사랑은 어떤 모습으로 나타날까요?

5. 당신의 목사들과 장로들은 어떤 면에서 당신에게 좋은 본보기가 됩니까? 어떻게 해야 그들의 본을 따를 수 있을까요?

6. 이번 주에 당신의 목사들과 장로들을 격려할 일은 무엇일까요? 베드로가 리더십에 관해 품은 비전을 이들이 계속해서 추구하도록 어떻게 도울 수 있을까요? 당신은 그들을 위해 무엇을 기도하겠습니까?

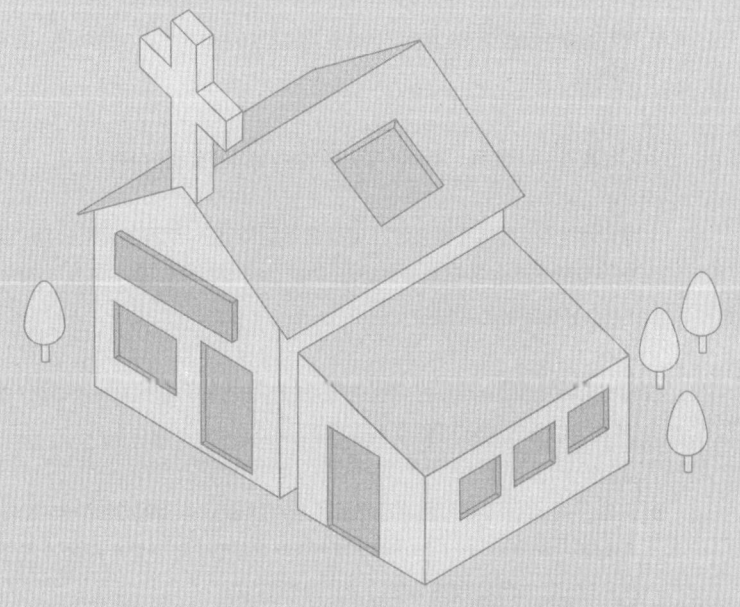

토니 메리다 목사님의
7장 가이드 영상으로 연결됩니다.

7.
전도: 착한 행실과 복음 전도
Witnessing

"구장을 지으면, 그들이 올 거야."는 영화 "꿈의 구장"(Field of Dreams)의 명대사다. 나는 이 영화를 좋아하지만, 그래도 이 대사는 전도 전략으로는 형편없다.

불신자의 대부분은 다음 주일 아침에 우리와 함께하는 데에는 전혀 관심이 없다. 탈기독교 상황에서 단순히 '좋은 상품'을 제시하는 것만으로는 사람들을 끌어모으기에 부족하다. 우리의 건물이 얼마나 멋진지, 음향이 얼마나 훌륭한지, 목사가 얼마나 힙(hip)한지는 중요하지 않다.

주일에 모습을 보이는 사람들은 거의 누군가 그들을 데려왔기 때문에 교회에 와 있다. 그들은 주일 아침에 잠에서 깨어나 "저 교회에 가면 맛있는 커피가 있을 거야. 한번 확인하러 가 보자."라고 말하지 않는다. "그 목사님이 재미있다던데, 가서 들어 보자."라고도 하지 않는다. 전혀 그러지 않는다. 대신 그들은 이렇게 말한다. "우리 이웃·동료·친구가 자기네 교회에 같이 가자고 했는데 한 번 따라가 보지 뭐. 거기 가면 그냥… 어떻게 사는지, 믿음이 뭔지, 뭐, 그런 얘기 한다더라. 한번 가보지 뭐."

우리는 일상(가족, 동네, 일터, 취미 활동 등)에서 교회의 일원으로서 사람들과 관계를 맺어야 한다. 복음 전도는 목사나 전도자에게만 맡겨진 게 아니다. 모든 하나님의 백성에게 맡겨진 책임이다.

그 마음이 전도의 마음이다

어떤 신자들은 전도에 관한 강의를 듣고 책을 읽는다. 복음 제시문을 암송하기도 한다. 하지만 그러면서도 불신자와 관계를 맺지는 않는다. 전도에 있어서 가장 우선되고 중요한 것은 방법이 아니라 마음이다. 방법도 중요하지만, 대개는 마음이 부족한 게 가장 뚜렷한 문제다. 이런 문제는 전도에 성공한 경험의 부족, 복음을 거부하는 상황에 맞닥뜨릴 때의 불편, 조롱과 거절의 위험을 감수해야 한다는 사실 등 참 다양한 이유로 우리 마음에 찾아온다.

하지만 사실 우리는 마음에서 흘러넘치는 것을 말하게 되어 있다. 젊은 여성이 약혼을 하면 그녀의 삶과 대화가 놀랍게 변한다. 반지를 자랑하고, 약혼자의 사진을 보여 주며, 페이스북 상태를 업데이트하고, 결혼식 계획을 짜기 시작한다. 웨딩드레스를 맞추러 가기도 한다! **왜일까?** 사랑에 빠졌기 때문이다! 그녀는 '제 짝'에 대해 말하지 않은 채 단 하루도, 일주일도 보낼 수가 없다. 그 남자에 대해 억지로 말하거나 억지로 말한다는 죄책감을 느낄 필요가 없다. 그녀는 그저 그에 대해 말하고 싶다! 죄책감이 아니라, 아름다움과 소망이, 사랑과 경외감이 동기가 된다. 우리는 우리가 사랑히고, 소중히 여기며, 이끼고, 소망하는 대상에 대해 말하게 되어 있다. 여기 전도의 마음에 관해 말하는 핵심 구절을 보라.

"또 너희가 열심으로 선을 행하면 누가 너희를 해하리요 그러나 의를 위하여 고난을 받으면 복 있는 자니 그들이 두려워하는 것을 두려워하지 말며 근심하지 말고 너희 마음에 그리스도를 주로 삼아 거룩하게 하고 너희 속에 있는 소망에 관한 이유를 묻는 자에게는 대답할 것을 항상 준비하되 온유와 두려움으로 하고 선한 양심을 가지라 이는 그리스도 안에 있는 너희의 선행을 욕하는 자들로 그 비방하는 일에 부끄러움을 당하게 하려 함이라 선을 행함으로 고난 받는 것이 하나님의 뜻일진대 악을 행함으로 고난 받는 것보다 나으니라"(벧전 3:13-17).

베드로는 그리스도인의 내면생활에 초점을 맞추고 있다. 우리의 마음 안에 그리스도를 거룩하게 모실 때, 우리의 관심사와 대화는 변화될 것이다. 예수님을 소중히 여길 때, 우리 안에 있는 소망을 자유롭게 나누게 될 것이다.

오늘날의 튀르키예 지역 곳곳에 흩어져, 복음에 대하여 적대적인 상황에 놓인 그리스도인들(비방과 조롱, 하찮게 여김을 당하다가 결국 육체적 박해도 직면하게 될 사람들)에게 베드로는 편지를 썼다.

나는 노스캐롤라이나 롤리에 산다. 내가 사는 동네는 '복음에 적대적임'이라는 수식어보다는 **복음에 무감각함** 또는 **복음 없이도 행복함**이라는 수식어가 어울린다. 우리 동네에는 교회와 무관한 사람(교회 없이 평생을 살았고 교회에 대해 전혀 관심이 없는 사람)이 많고 '교회를 떠난' 사람(과거에 교회에 다닌 적 있지만 이제는 출석하지 않는 사람)도 많다. 이러한 오늘날의 문화는 전도를 어렵게 한다.

그렇다면 이런 상황에서 우리는 누구와 관계를 맺어야 할까? 그리스도의 소망을 나누는 마음을 어떻게 가꾸어야 할까? 우리와 베드로의 상황은 다르지만, 그는 언제 어디서나 신실하게 복음을 증거하기 위한 세 가지 우선순위(선행의 실천, 그리스도 중심의 경외심, 일상의 준비)를 알려 주었다. 이런 마음가짐과 열정을 가지고 가꾼다면, 우리도 사람들에게 복음을 전할 때 열매를 맺을 수 있을 것이다.

선함이 궁금증을 유발한다

베드로는 첫 번째 편지에서 '선을 행함'의 중요성을 반복해서 강조한다(벧전 3:13, 16-18; 참고. 2:12, 20; 3:1). 우리의 전도는 선한 행위 그 이상이지만, 선한 행위도 **포함하는** 것은 틀림없다(마 5:16). 새 계명(하나님과 이웃을 사랑하라)과 대위임령(열방을 제자 삼으라)은 상충하지 않는다. 이 둘은 복음을 선포하고 선을 행하는 선교의 '통합 모델'을 대표한다.

현시대 문화가 가진 문제에 대해 사람들은 모두 올바른 입장에 서 있길 원하는 것 같다. 지금은 변덕의 시대다. 게다가 소셜 미디어는 정치적, 문화적 문제에 대해 자기 견해를 시끄럽게 밝히라고 부추기고 힘을 실어 주면서 상황을 악화시킨다. 하지만 베드로가 강조하는 건, 정치적 선동이나 논쟁이 아니라 복음의 열매를 증명하는 아름다운 삶이다. 정치적 견해를 가지면 안 된다거나 문화 문제에 관해 논하면 안 된다는 뜻이 아니다. 다만 이 시대의 문화에서, 우리를 지켜보는 세상 앞에서 선을 행하는 삶을 살라고 강조하는 것이다. 이러한 베드로의 주장은 상당히 설득력이 있다.

관계망 안에 있는 사람들에게 신실한 증인이 되기 위해 덕망 높은 삶을 열렬히 추구하라. 그 삶은 쉽지 않고, 불신자의 반대도 있을 수 있다(벧전 3:13, 14). 하지만 궁극적으로 하나님께서 우리와 함께하시고, 우리의 이런 행실을 기뻐하신다. 우리가 이렇게 살아간다면, 많은 이들이 우리 안에 소망이 있는 이유를 물을 것이다.

많은 그리스도인이 믿음에 관한 불신자들의 기초적인 질문에 대답하는 훈련을 받는다. 그건 훌륭하다. 그런데 정작 그들은 그런 대화를 어떻게 시작해야 하는지 모른다! 여기 베드로의 모범 답안이 있다. 바로, 사람들을 축복하고 선을 행하라는 것이다. 그리스도의 주권 아래에서 궁금증을 유발할 만큼 매력적인 삶을 살라.

삶의 실천을 통해 드러나는 성령의 열매는 이를 지켜보는 세상에 어마어마한 영향을 끼친다. 오늘날 희락과 온유와 사랑과 화평의 사람이 얼마나 두드러지는지 보면 정말 흥미롭다. 이웃을 섬김으로써 예수님의 선하심을 나타내는 일에 우리 삶을 드리자.

당신의 두려움을 재조정하라

두려움은 당신을 신실한 증인이 되지 못하게 막는다. 누군가를 섬기고, 책을 선물하며, 식사에 초대하고, 복음 안에 깊이 들어가는 일을 방해한다. 이것이 바로 베드로가 그리스도인들에게 "두려워하지 말"라고 말하는 이유다(벧전 3:14).

다른 사람에 대한 두려움은 우리를 그 두려움의 노예로 만들고 덫에 빠뜨리며 우리의 생각과 행동을 제한한다. 잠언의 저자는 "사람을 두려워하면 올무에 걸리게 되거니와"(잠 29:25)라고 말한다. 당신은 이 두려움에서 어떻게 벗어나는가? 베느로는 사람보다 예수님을 두려워함으로써 두려움에서 벗어나라고 말한다. "그러나 의를 위하여 고난을 받으면 복 있는 자니 그들이 두려워하는 것을 두려워하지 말며 근심하지 말고 **너희 마음에 그리스도를 주로 삼아 거룩하게 하고** 너희 속에 있는 소망에 관한 이유를 묻는 자에게는 대답할 것을 항상 준비하되 온유와 두려움으로 하고"(벧전 3:14, 15, 강조는 저자 추가). 그러니 그리스도를 주님으로 모셔 거룩하게 구별되라. 그리스도를 경외하라.

당신의 두려움을 재조정하라. 영광스럽고 거룩하신 예수님을 기억하라. 그러면 다른 사람들을 적절한 관점으로 보게 될 것이다. 우리가 예수님의 증인이 될 수 있는 이유는 그분을 경외하기 때문이다. 의도적으로 살아 내는 복음적 삶은, 두려움으로 사는 삶이 아닌, 주님의 임재에 대한 겸손한 확신과 주님의 거룩하심 앞에서 겸허한 경외심을 갖고 사는 삶을 말한다. 우리가 믿지 않는 친구와 가족에게 복음으로 다가가게 해 주는 것은 바로 이런 마음이다.

누구에게나 항상 준비하라

이 성경 구절에는 놓치기 쉬운 핵심 단어가 두 개 있다. 바로 "항상"과 "누구에게나"(everyone, 개역개정에서는 "~자에게는"으로 번역되었다.-편집자 주)다. 베드로는 우리에게 "너희 속에 있는 소망에 관한 이유를 묻는 자에게는 대답할 것을 항상 준비하"라고 말했다(벧전 3:15). 즉, **우리의 관계망 안에 있는 누구에게나 항상 대답할 준비를 하라**는 것이다.

준비하라는 말은 불신자와 교제하지 않는 것에 대해 핑계를 대지 말아야 한다는 뜻이다. 복음을 전하기에 완벽한 날은 없다는 사실을 받아들여야 한다. 우리는 언제나 이런 핑계를 찾아낸다. "잠을 잘 못 잤어." "배우자랑 말다툼했어." "이놈의 꽃가루 때문에 미치겠어." 하지만 복음 전도는 하루도 빠짐없이 우리에게 말한다. "경기는 이미 시작되었다!"

아이들에게 야구를 지도할 때, 나는 언제나 '준비 상태'에 있으라고 말한다. 왜일까? 어떤 아이들은 경기장을 벗어나 꽃을 꺾고 있기 때문이다! 내 선수 중 어떤 아이는 머리 위로 지나가는 비행기를 쳐다보다가 1루에서 견제사를 당했다. 우리가 '경기 중'임을 일깨우는 마음을 장착하라. 깨어서 당신의 소망을 나눌 준비를 하라.

여기서 우리가 다룰 주제는 '소망'이다. 헬라어 '아폴로기아'(*apologia*)는 '대답하다'라는 의미인데 여기서 '변증학'이라는 말이 나왔다. '이유'를 말하는 것은 논리적인 사고를 요구하기 때문에, 어느 정도의 공부가 필요하다. 하지만 이 본문에서 베드로는 공식적이거나 학문적인 변증학을 염두에 두고 말하지 않았다. 어느 공개 토론회에서 발표할 하나님의 존재, 악의 문제 등에 대한 복잡한 답을 생각하고 있는 것도 아니다. 그가 말하는 것은 우리의 소망에 관한 평범한 대화다.

모든 그리스도인은 산 소망을 가졌기 때문에 선교에 동참할 수 있다(벧전 1:3). 베드로는 '믿음'을 변호하라고 하지 않고 (물론 마땅히 그래야 한다.) '소망'을 변호하라고 말한다. 신약 성경에서 소망은 "펠리컨스가 NBA에서 우승했으면 좋겠어."와 같이 바라는 마음이 아니다. 기독교의 소망은 '행운을 비는 것'이 아니라 '엄지 척'이다. 다시 말해 장래의 영광에 대한 확고한 확신이 기독교의 소망이다. 이 소망은 현재의 삶에, 특별히 고난 중에 생기를 불어넣는다. 절망의 세상에서 반짝반짝 빛난다. 하지만 이 소망은 좀처럼 눈에 띄지 않는다. 그렇기에 고난을 겪을 때 우리가 확신을 가지고 고난을 이겨 내는 모습을 보면 사람들은 우리에게 그 소망에 관해 묻게 될 것 이다.

이 사실은 여러 면에서 마음의 짐을 덜어 준다. 왜냐하면 우리는 '변증학'이라는 단어를 들으면 겁에 질려서 '온갖 신오한 질문에 전부 대답할 준비를 해야 해.'라고 생각하기 때문이다. 변증학 책을 몇 권 읽는 것은 분명 나쁘지 않은 생각이지만, 베드로의 초점은 조금 더 마음에 맞춰져 있다. 어쩌면 그것을 '소망의 변증학'이라고 불러도 좋겠다. 이 변증학은 논쟁보다 사모함에 관한 것이다.

효과적인 증인이 되려면 한 방에 날려 줄 논거보다는 기쁨의 노래가 필요하다. 논리적인 대답 그 이상이 필요한 것이다. 우리는 예수님께 사로잡혀야 한다. 좋은 증인이 되려면 먼저 예수님을 사모하고 소망으로 가득 차야 한다. 모든 그리스도인이 그럴 수 있다. 예를 들어, 공식적으로 신학 훈련을 받은 적이 없는 초신자도 기독교의 소망을 주변에 퍼뜨릴 수 있다! 전도는 엘리트 특수 부대 그리스도인을 위한 것이 아니라, 복음적 소망이 풍성한 모든 이를 위한 것이다.

불신자들이 우리의 신학을 받아들이지는 않더라도 우리의 소망에 주목할 수는 있다. (사랑과 희락과 화평도 마찬가지다.) 우리의 소망은 사람들의 관심을 끈다. 그러므로 성공과 실패에 대한 반응과 행동으로 소망의 빛을 비추는 사람이 되라. 말로 소망을 전하는 사람이 되라. 그렇게 그리스도께서 우리를 위해 하신 일과 우리를 위해 소유하신 모든 것을 정기적으로 묵상하여 그 소망을 전하자.

　복음서를 읽다 보면, 예수님께서 사람들과 소통하실 때 틀에 박힌 프레젠테이션을 한 번도 사용하지 않으셨다는 충격적인 사실을 깨닫는다. 예수님은 각 사람을 아셨고 개개인에 맞춰서 설교하셨다. 다른 사람들이 우리의 소망을 보고 자기에겐 그 소망이 없음을 느낄 때, 그들은 개인적인 질문을 던진다. 우리의 전도는 공적인 선포라기보다 개인적인 상담에 훨씬 가깝다. 불신자들이 우리에게 질문할 때, 명확한 복음과 복음의 은혜를 가지고 대답하자.

　우리가 말하는 내용만큼이나 우리가 말하는 태도도 중요하다. 다른 사람에게 그리스도를 권할 때, 우리는 그리스도를 닮은 태도로 권해야 한다. 잘난 체하거나 거슬리게 권하는 것이 아니라 "온유와 두려움"으로 해야 한다(벧전 3:15). 바울도 일상적인 전도에 관하여 또 다른 중요한 구절에서 이런 점을 지적한다.

"외인에게 대해서는 지혜로 행하여 세월을 아끼라 너희 말을 항상 은혜 가운데서 소금으로 맛을 냄과 같이 하라 그리하면 각 사람에게 마땅히 대답할 것을 알리라"(골 4:5, 6).

　우리는 '외부인'에게 우리의 삶과 말을 보여 줄 때 특히 조심해야 한다. 또한 우리의 시간을 지혜롭게 사용해야 한다. 하나님은 우리에게 복음을 전할 황금 기회를 주신다. 그 기회를 이용하라! 그런 기회를 얻으면, 매력적이고 은혜롭게 복음을 전하라.

"소금으로 맛을 냄"이라는 문구가 중요하다. 신약 학자인 데이비드 갈런드(David Garland)는 이 문구를 이렇게 풀이한다.

"소금으로 맛을 냄"은 재치 있고 재미있으며 기발하고 유머러스한 말을 가리키는 데 사용되었다. 짠맛은 그들이 부적절하고 지루한 사람으로 무시당하지 않게 할 것이다. … 경건은 따분함과는 전혀 다르다. 평범한 공식이나 생명 없는 진부함은 복음의 흥미진진함을 담지 못한다. 복음은 매력과 재치와 더불어 풍미 있게 어우러져서 맛있게 차려져야 한다.[1]

당신의 간증이 흥미롭고 생생하며 다채롭게 느껴지도록 하라. 뻔하고 지루하며 단조로운 대화를 피하라. 당신의 성격을 사용하라. 성격에는 성화되어야 할 부분도 물론 있지만, 일반적으로 우리는 성격을 활용해 복음을 전해야 한다. 당신이 조용한 사람이라면, 타고난 온유한 톤을 사용하라. 당신이 재치 있는 사람이라면, 그 재치를 사용하라. 외향적이고 사교적인 사람이라면, 외향성이 빛나게 하라. 환대를 잘한다면, 친절함으로 사람들의 마음을 녹이라. 모든 사람이 고유하므로 모든 전도가 흥미롭다! 전도 로봇이 되지 말라. 복음을 설교하려 하지 말고 스스로 복음이 되라.

대학 시절에 복음이 내게 그토록 설득력 있었던 이유는, 나의 그리스도인 동기들이 복음을 전해 준 방식 때문이었다. 그들은 지루하지 않았다. 프레젠테이션을 암기해서 들려주지도 않았다. 그냥 나와 대화를 나누었을 뿐이다. 그런데 그 대화가 나로 하여금 더 많은 질문을 생각하고 묻도록 자극했다. 그들은 잘난 체하지 않았다. 매우 겸손하고 품위 있었다. 그들의 믿음에 동조하지 않던 때에도 나는 그들이 흥미롭다고 생각했다!

우리가 선을 행할 때 주님께서 우리 인생을 사용하셔서 사람들이 궁금증을 품게 하시기를 바란다. 우리가 매력적이고 온유한 태도로 복음의 소망을 나눌 때, 주님이 우리에게 용기를 주셔서 좋은 질문을 던지게 하시기를 바란다. 모든 사람은 우리의 관심과 사랑을 받을 가치가 있는, 하나님의 형상을 품은 고유한 존재다. 그러니 이제, 각 사람의 질문에 "소금으로 맛을 냄"과 같이 대답할 준비를 하라.

관계망 전도

과거에는 두 가지 전도법이 강조되었다. 하나는 '이벤트' 전도이고 또 하나는 '콜드 콜'(cold call, 임의로 방문 또는 전화하는 것—역주) 전도다. 오늘날 사람들은 '전도'라는 단어를 들으면 대규모 이벤트나 전도 집회 혹은 방문 전도를 떠올린다. 주님은 지금까지 이 두 가지 방법을 사용하셨고 때로는 지금도 효과가 있지만, 탈기독교 상황에서는 열매를 맺지 못할 때가 많다. 그래서 소개하는 세 번째 전도법은 **관계망** 전도다. 이것은 역사적 선례도 있을 뿐만 아니라 문화적으로도 적절하고, 실제로도 효과적이다.

관계망 전도는 이벤트나 프로그램이 아니다. 생활 양식이다. 일상이 리듬 안에서 이도저으로 복음과 함께 사는 것이다. 그렇게 현재 자신의 관계망에 들어온 사람들에게 전도가 이루어진다.

우리 교회를 세울 때도 관계망 전도가 주요 방법이었다. 우리는 이 방법을 통해 누구나 전도할 수 있음을 강조했다. 전도팀을 특정 장소에 보내서 콜드 콜 전도를 하도록 격려하기도 했지만, 관계망 전도가 우리의 주된 관심사였고 실제로 결실도 많았다. 팀 켈러는 『교회 개척 매뉴얼』(Church Planting Manual)에서 이렇게 말했다. "모든 교인에게 항상 두 명에서 네 명은 인큐베이터에 품게 될 것이라는 기대감이 있어야 한다. 거기서 전도 대상자들은 기도도 받고, 자료도 받고, 교회나 다른 이벤트에 초청도 받는다."[2] 우리는 이런 인식 위에 교회를 세우고 확장했다.

관계망 전도에는 몇 가지 유익이 있다. 먼저 **관계망 전도는 하나님의 주권을 인정한다.** 우리의 생활 반경 안에 있는 모든 사람이 중요하다는 믿음을 발전시킨다. 우리는 하나님께서 주권적으로 우리의 여정에 보내 주신 하나님의 형상을 가진 자들에게 둘러싸여서 역사 속 지금 여기에 살고 있다(행 17:26, 27). 관계망 전도는 우리가 이 사실을 기억하도록 돕는다.

게다가 **관계망 전도는 역사적 선례가 있다.** 사회학자 로드니 스타크(Rodney Stark)는 『하나님의 도시들』(Cities of God)에서 어떻게 기독교의 전도가 로마 제국을 정복한 도시 운동이 되었는지 설명한다.

사회적 관계망은 회심이 일어나는 기본 메커니즘이다. … 대부분의 회심은 새로운 메시지를 전달하는 전문적인 선교사에 의해서 생겨나지 않는다. 자기의 믿음을 친구나 친척과 함께 나누는 일반 구성원들에 의해 생겨난다. … 비록 서구 최초의 기독교 회심자는 풀타임 선교사들에 의해 된 것이었을지라도, 새로운 회심자들이 자기 믿음을 전파할 책임을 받아들이고 자기와 친분이 있는 가까운 사람들에게 전도를 실천함에 따라, 회심은 곧 자생력을 갖게 되었다.[3]

이 사실을 놓치지 말라! 1세기 기독교의 전파력은 믿기 힘들 정도로 놀라웠다. 그 운동이 진전을 보인 이유는 그리스도인들이 자기 옆에 있는 사람들에게 복음을 전파하라는 책임을 받아들였기 때문이다. **지금 우리 시대에, 우리도 그렇게 할 수 있다.**

한 가지 유익이 더 있다. **관계망 전도는 전도를 통해 신실함과 인내를 북돋운다.** 종종 전도는 '그 자리에서' 설명하는 것까지라고 생각되는데, 이런 방법은 비인격적일 때가 있다. 또한 이 방법은

수를 늘리는 일이지, 사람들을 소중히 여기는 것과는 거리가 멀 수 있다. 우리의 죄책감을 줄이기 위해 단순히 '할 일 목록'에 표시하고는 다음으로 넘어가는 것일 수 있다. 하지만 우리가 정기적으로 보는 사람들에게 복음을 전할 때는 신실함과 인내가 필요하다. 전도의 준비 단계가 필요하나. 우리는 그들의 질문에 답하며, 천천히 또 점진적으로 방어 기제를 허물어야 한다. 소망컨대 그렇게 해서 하나님의 은혜로 당신의 친구가, 가족이, 동료가, 이웃이, "예수님은 주님이시다!"라고 선포하는 걸 보게 되길 바란다.

관계망 안에 있는 사람들과 관계 맺기

당신의 관계망을 다음의 다섯 가지 범주로 묶어 보라.

- 가족: 가족 관계 안에 있는 사람들
- 이웃: 이웃에 사는 사람들
- 일터: 일터에서 만나는 사람들
- 취미: 함께 어울리며 놀거나 함께 운동하는 사람들
- 생활: 편의점이나 공원 등 생활 반경에서 마주치는 사람들

각 관계망 안에 적어도 다섯 명의 이름을 적어 보라. 그리고 각 사람에게 다음의 다섯 가지 일 중 적어도 한 가지를 실천하기 위한 목표를 세우라. 당신이 한 가지 이상 실천할 수 있길 바란다. 그들

을 위해 기도하고 집에 초청할 수 있는가? 그들을 위해 기도하고 **또** 복음을 전할 수 있는가? 최소한 당신은 그들을 위해 기도를 시작할 수 있다. 그러나 기도는 최종 목표가 아니다. 계속해서 기도하며 궁극적으로는 더 깊은 단계로 나아가야 한다.

1. 그들을 위해 기도하라. C. S. 루이스(C. S. Lewis)는 말했다. "나에게는 두 가지 기도 목록이 있다. 하나에는 회심하길 바라는 자들이, 다른 하나에는 회심했음에 감사하는 자들이 있다. 목록 A에서 목록 B로 조금씩 옮겨 가는 것을 보면 큰 위로가 된다."[4] 주님께서 우리에게 그런 이동을 선물해 주시길 기도한다!

2. 그들을 초청하라. 저녁 식사를 위해 집으로 초대해서 스포츠 경기나 영화관, 교회 행사에 함께 가자고 말해 보라.

3. 그들을 섬기라. 관계망 안에 있는 사람들에게 복이 될 수 있는 방법을 생각해 보라. 아이들을 돌봐 주거나 장을 봐 주거나 잔일을 도와줄 수 있다.

4. 그들에게 자료를 제공하라. 함께 책이나 글을 읽거나 설교나 팟캐스트를 들을 수 있냐고 물어보라. 이것은 복음에 관한 대화를 시작하는 훌륭한 방법이다.

5. 그들에게 복음을 전하라. 당신의 믿음을 더 깊이 소개할 수 있는 다양한 지점을 찾으라. 다른 이들에게 무언가 혹은 누군가를 소개하는 사람은 당신만이 아니다. 누구나 무언가를 전하고 있다. 예를 들면, 사람들은 아로마 테라피, 디톡스 스무디, 넷플릭스 드라마, 새로 생긴 맛집, 빌보드 순위에 오른 아티스트, 메달을 딴 운동선수 등이 얼마나 놀라운지 극찬한다. 복음은 이것들보다 훨씬 더, 우리만 알기엔 너무나 좋고, 너무나 놀랍고, 너무나 중요하다!

여기에 도움이 될 만한 표를 그려 놓았다. 다섯 가지 범주마다 다섯 명의 이름을 적는 것을 목표로 하라. 그리고 각 사람을 위해 다섯 가지 일 중 하나를 실천하라.

관계망	이름
가족	
이웃	
일터	
취미	
생활	

도움을 받아도 좋다

우리는 전도를 개인 활동으로 생각하는 경향이 있다. 그러나 다른 사람의 도움을 받을 수 있다. 복음을 제시하고 질문에 대답할 때는 특히 그렇다. 교회의 다른 성도들과 함께 복음을 전하라. 어떤 이들은 관계를 발전시키는 데에 장점이 있고, 어떤 이들은 환대에 장점이 있고, 어떤 이들은 질문에 대답하는 데에 장점이 있다.

전도는 주로 단체전이다. 당신은 지인에게 복음을 전하는 동료 그리스도인을 위해 기도할 수 있다. 전도 대상자를 집에 초대하면서도 복음에 관한 대화는 다른 이가 시작할 수 있다. 어려운 질문을 받았을 때, 당신은 대답할 말을 모를 수 있지만, 그 질문에 대답할 수 있는 사람을 소개할 수 있다. (아니면 당신이 직접 그 사람을 찾아가 어떻게 대답하는지 배우고, 돌아와서 당신의 친구와 대화를 다시 시작할 수도 있다.) 당신의 특별한 영적 은사와 능력을 살펴보고, 다른 교인들과 더불어 전도에 어떻게 동참할지 생각해 보라. 물론 이 말은 당신이 복음을 담대히 선포하는 일을 불편하게 여긴다는 이유로, 혹은 다른 사람이 더 잘한다는 이유로 복음 선포에서 예외가 된다는 뜻이 아니다. 다만 전도를 개인적인 노력으로만 보지는 말라는 뜻이다.

교회의 모든 구성원은 우리의 믿음을 증거하라는 부르심을 받았다. 전도는 신실함의 일부다. 탈기독교 상황에서는 열매를 맺기 위해서도 전도가 필요하다. 우리는 더 이상 누군가가 우리를 위해 전도를 해 줄 거라고 넘겨짚을 수 없다. 게다가 전도는 기쁨이다. 우리는 신실한 증인이 되는 것을 하나님의 영광을 위해 최우선이자 가장 중요한 일로 바라야 한다. 우리의 노력에 대한 반응이 어떠하든지, 하나님은 우리의 신실함에 기뻐하신다. 하나님은 그분의 아들이 그분의 세상에서 언급된다는 사실로 영광을 받으신다. 그러므로 "선을 행함으로 고난 받는 것"(벧전 3:17), 올바른 내용과 어조로 질문에 대답하는 것, 항상 우리 안에 있는 소망을 나눌 '준비 상태'에 있는 것이 우리의 부르심이다. 어떤 이들은 복음에 믿음으로 반응하지만, 어떤 이들은 그렇지 않을 것이다. 어떤 이들은 당신에게 반대할지도 모른다. 하지만 결과는 하나님께 맡기고 끝까지 신실하게 전도하는 것이 당신의 부르심이다.

기도하는 시간을 가진 후 앞의 관계망 전도 표를 채우라. 뒤에서는 당신의 전도에 도움이 될 만한 세 가지 실천 사항을 나누겠다.

실천 사항

다음을 읽고, 당신의 실천 계획을 세우십시오.

- **기도를 쉬지 말라.**
  관계망 안에 있는 사람들을 위해 할 수 있는 모든 일 중에 그들을 위해 기도하는 일이 가장 쉽고 가장 중요하다. 관계망 안에 있는 사람들을 정확히 밝히고 그들을 위해 매일 기도하라. 또한 그들을 보게 되면 조용히 기도하라. 그들이 그리스도를 믿도록 인도해 달라고 하나님께 구하기 시작하면, 어떤 놀라운 일이 일어나겠는가?

- **당신의 믿음을 지혜롭게 실천하라.**
  어떻게 해야 "외인에게 대해서는 지혜로 행"할 수 있을까(골 4:5)? 좋은 동료가 되라. 진실하게 살라. 동네를 걸을 때나 쇼핑할 때나 운동할 때 기회를 포착하라. 책을 선물하거나, 저녁 식사에 초대하거나, 교회 예배에 초청하라. 당신이 놓인 상황을 생각하라. 무엇이 외부인에게서 질문을 유발할까?

- **우아하고 매력 있게 말하라.**
  복음을 말할 땐 자연스럽고 부드러우며 호소력 있게 말하라. 각 사람을 고유하게 대하라. 그들에게 물어볼, 생각을 자극하는 질문을 준비하라. 그들의 질문에 대해서는 겸손하고 사려 깊게 대답하라. 그들이 당신의 말에 동의하지는 않더라도, 여전히 당신과 함께하는 시간을 즐거워하는가? 죄인들의 친구이신 예수님께서 외부인들과 복음으로 어떻게 관계를 맺으셨는지 깊이 생각하라. 그리고 당신도 하나님과 멀리 있는 그들과 그런 관계를 맺을 수 있도록 기도하라.

토론 가이드

베드로전서 3장 13-17절을 읽으십시오.

1. 그리스도를 경외하고 경배하는 것(15절)이 다른 사람들을 향한 두려움을 이기게 하는(14절) 이유는 무엇입니까?

2. 선을 행함에는 어떤 결과가 뒤따릅니까(13, 14, 16절)?

3. 15절에 의하면, 우리가 다른 사람과 관계를 맺을 때 우리의 소망을 정확히 밝히는 일과 온유와 두려움으로 대답하는 일은 왜 중요합니까?

4. 당신은 소망으로 가득합니까? 이런 마음가짐을 키우기 위해 당신은 무엇을 할 수 있습니까? 당신이라면 소망의 이유를 어떻게 설명하겠습니까?

5. "온유와 두려움으로" 대답한다는 것은 무엇입니까? 특히 대하기 쉽거나 어려운 관계가 있습니까? 그 영역에서 성장하기 위해 서로 어떻게 도울 수 있습니까?

6. 개인적인 차원에서와 교회적인 차원에서 당신은 어떤 방식으로 제자를 삼으라는 부르심(마 28:19)에 순종하고 있습니까? 당신이 증인으로서 공동체에서 맡을 수 있는 가장 효과적인 역할은 무엇입니까?

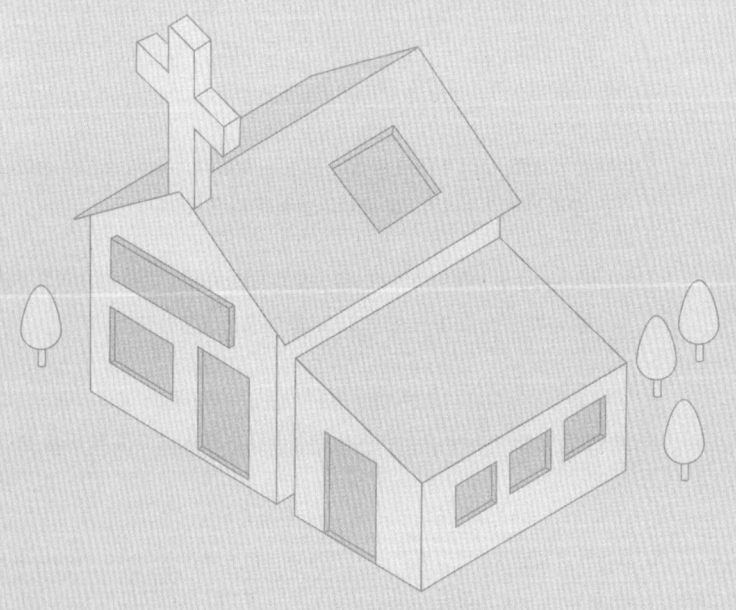

토니 메리다 목사님의
8장 가이드 영상으로 연결됩니다.

8.
파송: 선교 계속하기와 건강한 교회 개척하기
Sending

우리 교회는 약 9년 전에 세워진 젊은 교회다. 그래서 사람들이 "교회가 지금 몇 년 되었어요?"라고 묻는 일이 드물지 않다. 시간은 쏜살같이 지나가서, 그 질문에 답하려면 머릿속에서 빠르게 계산해야 한다. 그럼 나는 질문을 단순하게 바꿔 교회 역사를 조금 설명하기 위해, "2천 년이 넘었답니다."라고 대답한다.

물론 사람들이 그 질문을 할 때 무엇을 염두에 두고 묻는 건지 나도 안다. (그리고 나도 때로는 그 질문에 딱 맞게 대답하기도 한다!) 하지만 '우리 교회'의 이야기가 더 큰 무언가의 일부라는 사실을 마음에 새기는 일은 중요하다. 어떤 의미에서, 교회는 사도행전 2장에서부터 시작한다. 사도행전 2장의 교회 이야기는 **우리**의 역사다.

하나님의 백성은 1세기에 시작된 것이 아니다. 하나님께서는 언제나 그분 자신을 위해 선택하고, 복 주고, 복이 되라고 파송하신 백성이 있었다. 그럼에도 사도행전은 구속의 역사에 결정적인 전환점이 된다. 곧 오순절로부터 초대 교회와 교회의 선교 역사가 폭발적으로 시작되었기 때문이다.

그리스도인이여, 우리가 얼마나 웅장한 이야기의 일부인지 생각해 보라! 하나님께서 자기를 위하여 백성을 모으시는 이 장엄한 이야기는, 우리가 교회를 바라볼 때 용기를 북돋워 준다. 복음이 어떻게 예루살렘에서 시작되어 당신의 교회와 당신에게까지 이르렀는지 생각할 때, 당신은 하나님의 신실하심에 감탄하게 될 것이다. 당신의 마음이 찬양으로 벅차오르게 하라. 그리고 모든 시대, 모든 나라의 구원받은 가족에 참여하게 될 그날을 갈망하라.

이야기 이어 가기

우리는 이야기의 일부이기만 한 게 아니다. 우리는 이야기를 이어 가야 하고 또 이야기에 이바지해야 한다. 사도행전 28장을 보면 교회의 탄생에 관해 쓰여 있는데, 그 이야기는 계속 이어져서, 결국 우리의 교회가 그 이야기의 일부가 된다! 어쩌면 그래서 사도행전이 그렇게 돌연히 끝나는지도 모른다. 사도행전 28장은 마지막까지 결과를 알 수 없는 상황에서 끝난다. 바울은 감옥에서 사역하는 중이고, 그와 베드로, 초대 교회 등 연결된 여러 이야기가 마무리되지 않은 채 끝난다. 만약 당신이 이렇게 결말이 없는 소설을 읽는다면, 책의 마지막 챕터를 누군가 찢어 갔다고 생각하게 될지도 모른다! 당신은 그 이야기가 여전히 끝나지 않았다는 인상을 받은 채 남겨진다. 사실 나는 "다음 시간에 계속됩니다."로 끝나는 프로그램을 좋아하지 않는다. 하지만 사도행전 28장은 흥미진진하다. 왜냐하면 우리가 그 이야기의 일부이기 때문이다!

누가가 사도행진을 쓴 의도는 바울이나 다른 누구의 일대기를 기록하려는 게 아니었다. 그의 목적은 성령님을 통해 주 예수님의 행적을 기록하는 것이었다. 누가는 멈출 수 없는 복음의 전진을 묘사하는 일에 힘을 쏟았다. 그의 첫 번째 책인 누가복음은 "무릇 예수께서 행하시며 가르치시기를 시작하심부터 그가 택하신 사도들에게 성령으로 명하시고 승천하신 날까지의 일"(행 1:1, 2)을 묘사하기 위한 책이었다. 그리고 사도행전은 예수님이 하늘에 오르신 뒤에 교회를 통해 이어 가고 계신 모든 일에 관한 책이다. 바울이나 다른 사람이 아니라 예수님이 바로 사도행전의 영웅이시다. 누가는 사도행전의 결론에서 승리(바울이 제국의 수도 로마에서 왕 되신 예수님의 주권을 설교함으로써 이룬 승리)를 언급하고 책을 끝내면서 예수님이 맡기신 사명은 끝나지 않는다는 메시지를 전한다.

메신저는 계속 바뀌지만, 왕이 귀환하시기까지 교회의 메시지와 사명은 바뀌지 않는다. 오늘날 그리스도인들은 바로 이 구속의 드라마에 투입되는 것이다! 비록 우리의 이야기가 성경에 더해지진 않지만, 우리는 열방에 복음을 전하는 사명을 계속해서 감당하게 된다. 사도행전의 교회들처럼, 우리의 교회도 그 일부가 될 수 있다. 자, 그렇다면 세계를 변화시키는 교회는 어떤 모습일까? 그 윤곽을 그리기 위해 누가가 사도행전에서 묘사하는 안디옥교회로 가 보자.

안디옥 모델

우리 교회의 교회 개척 모델을 어떻게 부를지 고민한 끝에 나는 '안디옥 모델'이라고 부르기로 했다. 왜냐하면 내가 안디옥교회를 아주 많이 사랑하기 때문이다. 안디옥교회는 전 세계적인 선교의 출발점이었다. 그 교회는 바울이 바나바와 함께 떠난 선교 여행과 (행 13:1-3; 14:26, 27), 나중에 실라와 함께 떠난 선교 여행의 작전 기지가 되었다(행 15:35-41; 18:22, 23).

안디옥은 그리스·로마 세계에서 (로마와 알렉산드리아 다음으로) 세 번째로 큰 도시였고, 그 도시에는 오십만 명이 살았다. 이 국제적인 도시는 '동방의 여왕'이라고 불렸는데, 정치적으로는 시리아의 수도였다. 지리적으로는 예루살렘에서 북쪽으로 483킬로미터, 지중해에서 동쪽으로 48킬로미터에 있었고, 오늘날로는 튀르키예의 동남쪽 지역으로, 북쪽과 남쪽, 동쪽으로 뻗은 주요 고속 도로의 교차 지점에 자리 잡고 있었다. 그리스인, 로마인, 시리아인, 페니키아인, 유대인, 아랍인, 이집트인, 아프리카인, 인도인, 아시아인 등 온갖 인종이 안디옥에 모여 살았기 때문에, 안디옥의 사람들은 놀라울 정도로 다양했다. 종교적으로는 매우 다원적이고 우상 숭

배적이었다.[1] 달리 말해, 안디옥은 오늘날의 여러 도시와 매우 닮은 도시였다. 다문화 사회였고, 다양하며 서로 충돌하는 여러 세계관이 공존한다는 점에서 그랬다. 그래서 우리의 상황처럼, 안디옥 역시 새로운 교회를 세우기에 아주 훌륭한 장소였다! 존 스토트가 말했듯이, "최초의 국제적인 교회로서 뿐만 아니라 전 세계적인 기독교 선교를 위한 발판으로서도, 이보다 더 좋은 장소를 상상할 수 없었다."[2]

안디옥교회는 무엇으로 그렇게 강력하게 사람들에게 다가갈 수 있었을까? 또한 이 새로운 교회의 전도가 그렇게 강력하게 안디옥 너머로까지 이어질 수 있었던 이유는 무엇이었을까? 안디옥교회의 기원 및 그에 뒤따르는 세계 선교 이야기로부터 선교적 교회의 몇 가지 특징을 찾아낼 수 있다.

그리스도의 사명에 헌신하기

그리스도인들이 예루살렘에서 안디옥까지 흩어졌을 때, 어떤 신자들은 **오직** 유대인들에게만 복음을 전했다(행 11:19). 그들은 가족이나 비즈니스라는 연결점에서 전도하기 시작했다. 하지만 구브로(지중해의 섬)와 구레네(북아프리카) 사람들은 안디옥에 와서 '헬라인들'이나 그리스어를 하는 사람들에게도 복음을 전했다(행 11:20). 즉, 이 용감한 개척자들은 이방의 불신자들에게 그리스도의 메시지를 전파하기 시작했다. 베드로가 극적인 환상을 보고 나서 이방인인 고넬료에게 설교하긴 했지만(행 10장), 아직 전략과 의도를 가지고 이방인들에게 설교하는 사람은 아무도 없었다. 사도행전 8장의 사마리아(예루살렘의 북쪽 지역)의 각성도 다르지 않았다. 어쨌거나 사마리아인들도 "유대인의 가까운 사촌들"이었기 때문이다.³ 그러나 여기 안디옥의 전도자들은 중요한 문화 장벽을 돌파하고 있었다. 유대적 뿌리가 있었음에도, 그들은 헬라인과 관계 맺는 일에 헌신했다. 이들이 그럴 수 있었던 이유는, 구브로와 구레네 출신인(행 11:20) 그들의 배경에는 예루살렘 출신 신자들이 가진 보수적인 팔레스타인 문화가 없었기 때문일 것이다. 그들에게는 반(反)이교도적인 편견도 없었을 것이다. 언제나 헬라인들과 비즈니스를 해 왔기에, 그들은 예루살렘 출신의 사람들보다 융통성이 있었다.

이것이 왜 중요할까? 효과적인 전도자가 되려면 우리도 사람들에게서 멀어져서는 안 된다. 우리는 그들과 관계를 맺어야 한다. 안디옥과 같은 교회는 사람들과 관계를 맺으려고 애썼다. 우리도 불신자들과 더불어 사는 법과 불신자들에게 매력적으로 말하는 법을 배워야 한다.

이 점은 전도자들이 왜 "주 예수를 전파"(행 11:20)했는지도 설명한다. 그들은 예수님을 '그리스도'로 전파하지 않았다. (물론 그분은 그리스도시다!) 그들은 예수님을 '주님'으로 전파했다. 우리는 여기서 '그리스도 예수' 혹은 '메시아 예수' 혹은 '기름부음 받은 왕, 예수'라는 이야기를 읽을 수 없다. 왜일까? 바로 그 전도의 대상이 유대인 무리가 아니었기 때문이다. 이들은 하나님께서 구약 성경을 통해 기름부음을 받은 메시아 왕을 보내 주겠다고 약속하신 내용을 잘 몰랐던 이방인 무리다. 물론 그들도 결국엔 그리스도에 관해 듣고 그분의 제자로 알려져, 그들의 이웃이 그들을 가리켜 "그리스도인"(행 11:26)이라고 부르게 된다. 하지만 전도자들이 거기서 출발했다는 장면은 없다. 왜냐하면 이방인들은 '이스라엘의 소망'에 관심이 없었기 때문이다. 하지만 '**큐리오스**'(Kurios), '주님'이라는 명칭은 안디옥에서도 일반적으로 사용되었다. 그래서 이 전도자들은 유일한 주님이신 큐리오스에 관해 모든 이에게 말해 줄 수 있었다.

좋은 전도자가 되려면, 복음을 잘 알아야 한다. 그리고 당신의 전도 대상에 대해서도 잘 알아야 한다. 모든 장소와 모든 사람에게 통하는 공식은 통하지 않을 가능성이 높다. 당신은 당신의 말을 듣는 사람이 이해할 수 있는 방식으로 복음을 전해야 한다.

이 이야기에는 충격적인 사실이 있다. 저 그리스도인들이 누구인지 우리가 알 수 없다는 것이다! 안디옥 전도자들의 수고가 세상을 바꾸었는데도, 우리는 그들의 이름조차 모른다. 이렇듯 신원 미상의 그리스도인들도 정말이지 변화를 만들 수 있다. 미지의 그리스도인들이라 해도 그리스도께는 결코 미지의 인물이 아니다. 우리에게는 그분의 판단이 가장 중요하지 않은가. 교회에서 가장 중요한 사람들이 항상 가장 유명한 건 아니다. 그러니 무엇이 더 중요한지 혼동하지 말라.

앞 장에서 살펴보았듯이, 우리가 복음을 알고, 복음을 받을 사람들을 아는 상태에서의 전도는 효과적이다. "주의 손이 그들과 함께 하시매 수많은 사람들이 믿고 주께 돌아오더라"(행 11:21). 여기에 열쇠가 있다. 증인들이 신실하고 신중하게 복음을 전할 때 주님의 손이 증인들과 함께한다.

제자훈련 하기

누가는 바나바와 사울이 이 새신자들을 강건하게 했다고 묘사하는데, 이 제자훈련 과정은 우리에게 많은 깨우침을 준다. 그가 설명하는 제자훈련에는 **책임감**과 **가르침**, **위로**가 포함된다.

교회는 바나바를 보내서 안디옥의 상황을 파악하게 했다. 어떤 이들은 안디옥의 성장에 대해 비판하거나 의심했던 반면, 어떤 이들은 안디옥의 새신자들을 향해 소망을 품고 사도적 리더십이 없던 그들을 위로하고 싶어 했던 것 같다. 게다가 안디옥교회는 다양한 배경을 가지고 있었고 신자들의 믿음이 어렸기 때문에 인도하기 까다로운 교회였다. 그들이 믿음 안에서 성장하려면 지혜로운 목회적 돌봄이 무엇보다 필요했다. 그래서 바나바가 와서 상황을 파악하고 사역을 추진했다.

하지만 제자도는 좋은 책임감이나 감독, 그 이상을 요구한다. 이는 생명을 주는 위로와 관련이 있다. 바나바는 이 일에 적합한 사람이었다! 그의 위로 사역은 그에게 '위로의 아들'이라는 별명을 만들어 주었다. 바나바는 위로를 통해 불에 찬물을 끼얹는 것이 아닌 기름을 부었다.

게다가, 그는 사역에서 하나님을 보았다. 누가는 "그가 이르러 하나님의 은혜를 보고 기뻐하여"(행 11:23a)라고 말한다. 어떤 이들은 하나님의 은혜를 보고 화를 낸다. 하지만 바나바처럼 은혜를 사모하는 신자들에게는 기쁨과 위로가 흘러넘친다. 그러므로 위로를 가볍게 여기지 말라. 위로는 당시의 성도들에게 필요했던 것이자 오늘날의 성도들에게도 필요한 것이다. 제자를 훈련하는 자가 되려면 좋은 신학 지식이 필요하지만, 위로자가 되는 것도 필요하다.

바나바에게는 추가적인 지원이 필요했다. 그래서 고향 다소에 있던 사울(바울)을 불러왔다. 바나바는 이방인의 사도가 되리라는 사울의 소명(행 9:15, 16)을 잘 알고 있었다. 어쩌면 바나바는 곧 모두가 알게 될 사실(사울의 배경이 다양한 그룹과 소통하는 능력을 더해 준다는 사실)을 이미 알았던 것 같다. 바나바는 세계를 품는 이 교회에게서 월드클래스의 마음가짐을 발견했다. 바울과 바나바는 1년 내내 그곳에 머물렀다(행 11:26). 이들과 함께하는 한 해를 상상할 수 있는가?! 그들의 가르침이 안디옥 신자들을 훈련해서 다가올 중요한 사역을 준비하게 했다.

이후 안디옥의 새신자들은 "그리스도인"(26절)이라는 이름으로 알려졌다. 이 용어는 불신자가 신자를 묘사할 때 사용했는데, (모든 곳 중에서도!) 그곳의 성도들은 너무나 예수님을 닮아서 '작은 그리스도'라고도 불렀다. 이전에는 사람들이 기독교를 유대교의 일종으로 보았지만, 이제 그리스도인은 유대인과 다르게 여겨졌고 회심하지 않은 이방인과도 다르게 여겨졌다. 그들은 '그리스도인'이었다. 그리고 이 신자들은 매우 다양한 배경을 가지고 있었다. 오늘날에도 많은 사람이 종교가 인종, 계층, 가족에 기초한다고 생각한다. 하지만 안디옥교회는 다른 아름다운 무언가를 세상에 보여 주었다. 이 모든 것은 그리스도를 향한 진심 어린 헌신에서 시작되었고, 그들의 전도와 제자훈련을 통해 표현되었다.

긍휼 보여 주기

안디옥 신자들의 넉넉함은, 흉년이라는 큰 어려움이 로마 제국을 덮쳤을 때 빛을 발했다(행 11:27-30). 선지자 아가보가 큰 흉년을 예언하자, 그들은 아름답게 반응했다. 특히 예루살렘에 있는 그리스도인들을 물질적으로 도왔는데, 모든 이가 자기 능력껏 헌금했고, 바나바와 사울은 그 헌금을 전달했다(행 11:29, 30; 12:25).

긍휼 사역(행위로 필요를 채워 주는 일)은 이타적이다. 사실, 안디옥교회 그리스도인들은 다른 이들보다 먼저 흉년 소식을 들었으니 자신을 위해 식량을 비축해 둘 수도 있었다. (만약 사람들이 코로나19를 미리 알았다면, 봉쇄가 있기 전에 식량을 쌓아 두는 사람이 많았을 것이다. 물론 주식을 사는 사람도 많았을 테고 말이다!) 그러나 안디옥의 그리스도인들은 타인의 필요를 먼저 생각했다.

안디옥 모델을 반영하려면, 우리는 이 깨어진 세상의 필요를 알아야 하고 우리가 가진 능력껏 헌금해야 한다. 소망하건대, 당신의 교회에도 당신의 긍휼 사역을 도와줄 협력 기관과 사역자가 있기를 바란다. 고아와 과부, 난민, 죄수, 환자, 시한부, 궁핍한 자, 압제받는 자 등 누구를 위한 사역이든 좋다. 이런 넉넉함은 복음이 당신을 변화시켰음을 보여 준다(고후 8:9).

물론 당신은 한 명의 그리스도인으로서 삶에서 선을 행하며 긍휼을 실천할 수도 있다. 그러나 긍휼 사역은 **공동으로** 하는 것이 중요하다. 즉 긍휼 사역은 온 교회가 동참하는 사역이다. 이 이야기에서 안디옥교회는 다른 교회를 돌보는 데 전념했다. 그들이 도왔던 예루살렘교회는 문화와 배경이 매우 달랐고 거리도 안디옥교회와 멀리 떨어져 있었다. 그럼에도 두 교회는 예수님께 속해 있었기에 한 형제자매였다. 안디옥교회는 헌금을 보냄으로써 이런 하나 됨을 눈에 보이게 표현했다.

선교적 교회는 다른 교회의 필요에 마음을 쓴다. 팬데믹 동안 우리 교회는 많은 교회와 함께 형편이 어려운 교회에 헌금을 보냈다. 같이 뜻을 모은 교회들도 세계에서 가장 위험하고 어려우며 가난한 지역에 있었다. 하지만 그럼에도 불확실한 시대의 한복판에서 팬데믹의 파괴적인 피해를 입은 사람을 돕는 일은 우리에게 기쁨이었다.

다양성 추구하기

사도행전 13장으로 건너뛰어서, 누가는 안디옥교회의 다양한 지도자들의 이름을 소개한다(행 13:1). 이 역시 목회와 전도의 목적에서 우리네 교회가 추구해야 할 점이다.

바나바는 구브로의 유대인 신자였다(행 4:36). 시므온의 출신은 나와 있지 않지만, 그의 별명은 "니게르"로 '검다' 혹은 '어둡다'라는 뜻인데, 대개는 아프리카에서 온 흑인이라고 본다. 루기오는 "구레네" 사람이었는데, 그곳은 북아프리카. 헤롯의 궁정에서 자란 마나엔은 헤롯 안티파스의 젖동생 정도의 친척으로 왕가의 상류층과 관계된 사람이었다. 그리고 지도자들에게 학자적인 역동성을 가져다주는 유대인 신자, 사울이 있었다.

자, 당신이 만약 이 교회에 방문한다면, 당신의 관심을 가장 먼저 사로잡는 것은 지도자들의 (그리고 구성원들의) 다양성일 것이다. 다양한 지도자는 다양한 구성원을 반영한다. 그런 다양성은 안디옥의 불신 문화 안에서 강력한 매력을 발산했을 것이다. 모든 사람이 자신도 그들의 일원이 될 수 있다고 꿈꿀 수 있었다. 그들은 안디옥교회를 통해 복음이 어느 특정 부족이나 그룹을 위한 게 아니라 모든 민족을 위한 것임을 볼 수 있었다. 또한 그 지도자들이 자신의 출신과 무관하게 자기네를 돌보아 줄 거라고 기대할 수 있었다. 그러니 이런 다양성을 품은 교회가 전 세계적인 선교를 위한 발판이 된 것은 놀라운 일이 아니었다.

선교사 파송하기

파송하지 않는 교회는, 끝이다. 직관적이지 않게 들릴지 모르지만, 대개 선교사와 교회 개척자를 키워서 파송하는 교회는 생기가 넘친다. 그 이유는 교회를 개척하고 파송하는 동안 파송하는 교회의 교인들은 꾸준히 사명을 지키게 되기 때문이다. 안디옥교회는 분명 우리에게 그런 모델이 된다.

사도행전의 이 지점까지는 복음이 팔레스타인과 시리아에 국한되어 있었다. 하지만 교회가 예배하고 금식하며 성령님께 대해 민감해짐에 따라 모든 게 변했다. 이렇게 모인 신자들이 바나바와 바울을 선교사로 파송하게 되었다(행 13:1-3).

선교사와 개척자를 파송하는 것과 관련해서, 우리는 **개인주의**와 **제도주의**를 피해야 한다. 개인주의는 그리스도인이 나 홀로 선교사로 행동하는 것을 의미한다. 이것은 사도행전에서 보여 주는 그림이 아니다. 사도행전에서는 교회가 선교사로서의 소명을 확인하고 지속적인 후원을 감당한다. 제도주의는 기도와 성령님의 인도가 배제된, 기계적이고 형식적인 과정을 의미한다. 우리는 안디옥 모델로부터 '선교사는 성령님의 인도를 받고, 교회에 의해 파송되며 후원되어야 한다'는 점을 배워야 한다.

교회가 좋은 일꾼들을 파송하기로 결정하는 것은 결코 쉽지 않다. 안디옥 신자들이 바나바와 바울을 파송하면서 어떻게 느꼈을지 상상해 보라! 여기에는 희생과 믿음이 필요했다. 그럼에도 그들은 순종함으로써 그 일을 해냈다. 선교는 그럴만한 가치가 있기 때문이다.

선교적 교회는 계속해서 최고의 사람들을 선교지에 파송한다. 그들을 보내는 게 고통스러울 때가 많지만, 우리는 이런 파송을 '복음을 위한 짧은 이별'이라고 부른다. 복음을 위해 잠시 작별 인사를 하는 것이다. 그럼으로써 우리는 우리의 형제자매와 교제할 수 있는 영원이란 시간이 있음을 기억할 수 있다. 그래서 우리는 잠시 작별 인사를 하고, 계속해서 그들을 위해 기도하며 후원한다.

또한 우리는 우리에게 있는 최고의 사람들을 파송함으로써 하나님께서 사명을 위해 가장 최고인 분, 그분의 독생자를 보내셨다는 사실을 기억할 수 있다. 우리는 파송하고 또 파송됨으로써, 바로 그러한 하나님의 본성을 나타내고 우리 구주의 발자취를 따라간다.

교회 개척하기

안디옥의 이 장면에서부터 사도행전은 계속되는 전도와 교회 개척 이야기를 펼쳐 나간다. 안디옥교회는 더 많은 교회를 세움으로 그 범위를 넓혀 가는 개척 기지였다. 오늘날 우리에게도 그들의 선교적 열정을 닮은 교회가 필요하다.

일반적으로 교인들은 교회 개척의 필요성에 대해 아는 바가 거의 없다. 그러니까, '우리에게 교회는 충분히 많지 않은가?' '왜 더 개척해야 하지?' 정도로 생각한다는 말이다. 다음 내용은 교회 개척의 기초에 해당한다.

첫째, 우리는 하나님의 목적에 맞게 합력하기 위해 교회를 개척한다. 하나님은 언제나 천국에 가려는 개개인의 신자들을 위해서가 아니라 하나님 자신을 위해서 백성을 모으시는 데에 전념하셨다(행 18:9, 10). 그러므로 한 팀이 교회를 세울 때에는 건물이나 가정에서 모임을 시작하는 것 이상의 의미가 있다. 즉, 그들의 개척은 하나님께서 늘 해 오시던 일에 동참하는 것이다. 또한 역사가 향하는 곳(전 세계의 다양한 백성을 자기에게로 모으시는 하나님)을 미리 맛보는 것이기도 하다.

둘째, 우리는 대위임령이 교회 개척을 가리키기 때문에 교회를 개척한다. '교회를 개척하라'는 뚜렷한 명령이 없는 것은 사실이다. 하지만 예수님은 "모든 민족을 제자로 삼아", "세례를 베풀고", "가르쳐 지키게 하라"(마 28:18-20)고 명령하셨다. 세례를 주고 가르침으로써 사람들을 제자 삼는 일을 당신은 무엇이라고 부르겠는가? 나는 새로운 신자들을 교회 생활로 이끄는 일이라고 부르겠다. 세례는 신자들을 그리스도의 몸과 동일시하는 공적인 신앙 고백이다. 베드로가 오순절에 설교한 뒤, 사람들은 회심하고 세례를 받았다(행 2:41). 그리고 이 세례받은 신자들은 즉시 예배하러 모여서 (다른 모든 것 중에) 예수님께서 명령하신 내용을 전부 배웠다(42-47절). 새롭게 세례받은 신자들을 가르치는 일은 주로 지역 교회에서 일어난다. 그렇기 때문에 나는 대위임령은 교회 개척(건물과 예산과 웹 사이트를 갖추는 것이 아닌, 세례를 통해 새신자를 받아들이고 말씀으로 양육하는 일) 사상을 가리킨다고 주장한다.

셋째, 신약의 교회는 대체로 교회 개척의 집합체였다. 사도행전은 새로운 교회의 폭발적인 성장 이야기를 전한다. 그리고 서신서들은 사도들이 이 새로운 교회에 어떻게 리더십을 제공했는지를 보여 준다. 서신서를 읽고 이 교회들이 어디에서 시작되었는지를 질문하라. 그러면 대부분이 사도행전으로 거슬러 올라간다는 것을 알게 될 것이다. 그러므로 교회 개척은 하나님께서 호흡을 불어넣으신 성경 안에서 우리가 들이마시는 공기와 같다.

마지막으로, **바울의 기본적인 사역 방법론은 도시 교회 개척이었다.** 사도행전에서 우리는 영향력 있는 도시에 있는 교회들이 어떻게 세워졌는지, 장로들이 어떻게 임명되었는지, 가르침이 어떻세 새로운 청중에게 주어졌는지를 거듭해서 읽게 된다(참고. 행 14:21-23). 그야말로 바울은 "그리스도의 이름을 부르는 곳"이 아닌 곳에서 복음을 선포하길 원했고(롬 15:20), 그런 전도에 힘입어 새로운 교회가 세워졌다. 건전한 교리와 훌륭한 지도자가 거점 도시에 세워지면, 바울은 "이제는 이 지방에 일할 곳이 없고"라고 하며 이동했다(롬 15:23). 그 지방 모든 사람을 복음화했기 때문이 아니라 그 거점 도시들에 세워진 새로운 교회를 통해 신자들을 준비시켰기 때문이었다. 그러고 나면 그 교회들은 주변 시골 지역에 복음을 퍼뜨렸다. 그들은 어떤 방법으로 퍼뜨렸을까? 당신도 추측하듯이, 복음을 선포하고 새신자들의 교회를 개척하는 방법으로 했다.

우리가 교회를 개척하는 데에는 몇 가지 성경적인 근거가 있다. 물론 '더 많은 사람이 도시 중심으로 이동하는 사회에서는 더 많은 교회가 필요하다'는 사실처럼 실제적인 이유도 있다! 더 나아가, 팀 켈러는 교회를 개척해야 하는 실제적인 이유 몇 가지를 제시하는데, 이는 다양한 상황에 적용될 수 있다. 첫째, 새로운 교회에서는 청년들이 불균형하게 발견된다. 둘째, 새로운 교회일수록 새로운 주민에게 더 잘 다가간다. 셋째, 새로운 사회 집단에는 새로운 교회가 더 잘 다가간다.[4]

이 모든 내용이 말하는 바는 교회가 파송에 전념해야 한다는 것이다. 재능을 기부하고, 사람을 보내며, 교회 개척팀을 보내서 세상의 유익을 위해, 그리고 하나님의 영광을 위해, 온 땅에 흩어진 새로운 빛의 공동체를 시작해야 한다. 파송하는 자나 파송받는 자에게 모두 희생이 요구된다. 하지만 파송은 희생, 그 이상의 가치가 있는 사명이며, 모든 성도가 참여하도록 부르심을 받은 사명이다.

선교적 교회의 구성원으로서 당신의 역할에 대해 궁금하다면, 여기에 더 구체적인 실천 사항을 보라.

실천 사항

다음을 읽고, 당신의 실천 계획을 세우십시오.

- **문화에 대하여 참여적인 사고방식을 택하라.**
  신실한 증인이 되려면 '방공호 같은 사고방식'으로는 안 된다. 오히려 다른 사람과 복음에 대해 신실하게 소통하는 사고방식을 택해야 한다. 온갖 다양한 배경을 가진 사람들에게 다가갈 때 주님께서 지혜와 담대함을 주시길 기도하라.

- **신실하게 전도와 선교에 참여하는 사람들을 위로하라.**
  바나바가 되라! 주님께서 동료 신자들을 통해 일하심을 볼 때 기뻐하라. 그리고 그 성도들에게 생명을 주는 위로의 말을 하라.

- **당신을 향한 그리스도의 긍휼과 은혜를 많이 묵상하라. 그리고 그것이 긍휼 사역의 동기가 되게 하라.**
  넉넉하고 희생적인 긍휼 사역은 세상의 악으로부터 자유로운 마음, 구주의 승리에 사로잡힌 마음에서 비롯된다.

- **기도하고, 헌금하고, 지지하고, 직접 감으로써 교회 개척에 참여하라.**
  교회 개척을 위한 기도의 중요성을 과소평가하지 말라! 당신의 재정적인 헌금과 지속적인 지지가 아주 많이 필요하다는 것을 알라. 당신의 삶에 대한 성령님의 인도에 마음을 열고, 기도하고 헌금하며 따라가라. 성령님께서 당신을 교회 개척팀의 일원이 되는 특권으로 인도하실 수도 있다.

토론 가이드

사도행전 11장 19-30절과 13장 1-3절을 읽으십시오.

1. 안디옥교회가 세워졌을 때 하나님은 사람들을 통해 어떻게 일하셨습니까 (행 11:19-25)?

2. 바나바와 사울은 각각 어떤 역할을 했습니까?

3. 안디옥의 그리스도인들은 다른 교회에 대해, 사울과 바나바에 대해, 미전도 사람들에 대해, 하나님에 대해 어떤 태도를 취했습니까? 이 사실은 오늘날의 교회인 당신에게 무엇을 가르쳐 줍니까?

4. 교회로서의 당신은 얼마나 열려 있습니까? 이 영역에서 함께 성장하기 위해 당신은 무엇을 할 수 있습니까?

5. 바나바의 본보기를 따르기 위해 당신은 교회에서 무엇을 할 수 있습니까? 다른 이들이 본받을 수 있도록 당신은 어떻게 격려할 수 있습니까?

6. 이 말씀에 비추어 볼 때, 당신의 교회와 당신의 공동체, 세상을 위해 당신은 무엇을 기도하겠습니까?

나가는 글: 우리 교회의 비전

소망하건대 이 책이 당신에게 교회가 무엇이고 신자들의 모임에 당신의 삶을 투자해야 하는 이유가 무엇인지, 그리고 당신이 어떻게 그렇게 할 수 있는지 충분한 설명이 되었기를 바란다.

우리는 주일에 교회 옆으로 운전해 지나가면서 거기서 무슨 일이 일어나고 있는지는 별다른 생각을 하지 않는다. 물론 (비극적이게도) 어떤 곳은 복음도 성령님도 없는 죽은 장소다. 하지만 신자들이 모여서 복음을 선포하고 신실한 교회의 표지를 드러내는 곳에서는 (그 교인들을 포함해서) 사람들이 생각하는 것보다 더 많은 일이 일어난다.

교회가 시대에 뒤쳐지고 연약해 보일지도 모른다. 하지만 때때로 우리가 놓치는 것이 있다. 바로 교회가 세상을 향한 하나님의 계획의 심장부라는 사실이다. 우리는 종종 그리스도께서 직접 자기 신부를 위해 하신 일을 잊어버린다. 그리고 교회가 장차 어떻게 될지 생각하지 못한다. 교회의 경이로움을 제대로 보지 못하는 건

외부인들이 아니다. 우리 그리스도인도 산 돌같이 성전으로 세워지는 일이 얼마나 경이로운지 놓치기 쉽다(참고. 벧전 2:5).

그래서 나는 훗날, 곧 우리에게 다가올 앞날에 관한 요한의 영감 가득한 비전을 당신에게 남긴다.

"내가 보매 보좌에 앉으신 이의 오른손에 두루마리가 있으니 안팎으로 썼고 일곱 인으로 봉하였더라 또 보매 힘있는 천사가 큰 음성으로 외치기를 누가 그 두루마리를 펴며 그 인을 떼기에 합당하냐 하나 하늘 위에나 땅 위에나 땅 아래에 능히 그 두루마리를 펴거나 보거나 할 자가 없더라 그 두루마리를 펴거나 보거나 하기에 합당한 자가 보이지 아니하기로 내가 크게 울었더니 장로 중의 한 사람이 내게 말하되 울지 말라 유대 지파의 사자 다윗의 뿌리가 이겼으니 그 두루마리와 그 일곱 인을 떼시리라 하더라 내가 또 보니 보좌와 네 생물과 장로들 사이에 한 어린 양이 서 있는데 일찍이 죽임을 당한 것 같더라 그에게 일곱 뿔과 일곱 눈이 있으니 이 눈들은 온 땅에 보내심을 받은 하나님의 일곱 영이더라 그 어린 양이 나아와서 보좌에 앉으신 이의 오른손에서 두루마리를 취하시니라 그 두루마리를 취하시매 네 생물과 이십사 장로들이 그 어린 양 앞에 엎드려 각각 거문고와 향이 가득한 금 대접을 가졌으니 이 향은 성도의 기도들이라 그들이 새 노래를 불러 이르되

두루마리를 가지시고 그 인봉을 떼기에 합당하시도다
일찍이 죽임을 당하사 각 족속과 방언과 백성과 나라 가운데에서
사람들을 피로 사서 하나님께 드리시고
그들로 우리 하나님 앞에서 나라와 제사장들을 삼으셨으니
그들이 땅에서 왕 노릇 하리로다 하더라"(계 5:1-10).

우리의 구세주를 찬양하기 위해 교회가 함께 모일 때, 우리는 위와 같은 훗날의 영광을 미리 맛볼 수 있다. 그때의 현실이 우리의 교회 안에서 지금 일어나는 것이다.

나는 요리할 때 대개 바깥에서 그릴을 사용한다. 종종 맛을 보기 위해 스테이크나 닭고기나 생선을 한 입 베어 물면, 그 작은 한 입에서 다가올 식사의 영광을 미리 맛본다. 교회 생활도 마찬가지다. 교회는 우리에게 천국의 맛을 미리 보여 준다.

언젠가 우리는 구원받은 이들과 함께 모여 죄인을 위해 죽임당하신 어린양을 찬양하게 될 것이다. 그때 우리는 "이 사람들이 다 우리 가족입니까?"라고 묻게 될 것이다. "그렇습니다." 우리 곁에 있는 이들이 대답해 줄 것이다. "이 형제자매들이 우리 가족입니다. 모두 우리 구주의 공로 덕분이랍니다." 우리는 어린양을 따라 새로운 창조에 들어가게 될 것이다. 거기서 그분의 임재 가운데 완전한 평안과 온전한 치유와 말로 다 할 수 없는 기쁨을 경험하게 될 것이다. 그래서 하나님께서는 그런 현실을 미리 맛볼 수 있는

장소로 당신에게 교회를 주셨다. 당신이 속한 그 교회는 주님의 말씀과 세례와 성찬에서 그분이 당신을 위해 하신 일을 기억하면서 우리 구주를 더욱더 닮아 가는 곳이다. 찬양과 기도와 예배로 그분의 사랑에 반응하는 곳이다. 골짜기를 지날 때 당신과 동행하고 기쁨을 함께 나눌 가족을 발견하는 곳이다. 이렇게 교회의 일원이 되는 것은 참으로 멋진 일이다. 우리의 기도와 노력이 오늘만이 아니라 영원히 변화를 가져올 수 있다는 사실을 아는 것은 놀라운 일이다. 바로 오늘, 그리스도와 그분의 교회를 신실하게 따르라. 소속과 환대와 모임과 돌봄과 섬김과 존경과 전도와 파송에 힘쓰라. 교회의 주님께서 불멸의 사랑으로 당신을 사랑하신다. 그러니, 당신의 교회를 사랑하라.

감사의 글

이마고데이교회에 감사합니다. 올해는 우리 교회가 세워진 지 10년째 되는 해입니다. 우리는 작은 교회 개척팀에서 시작해서 이렇게 생동감 넘치는 교회로 성장했습니다. 바울이 빌립보 성도들에게 말한 것처럼, 여러분은 "나의 기쁨이요 면류관"(빌 4:1)입니다. 이마고데이교회의 장로님들께 감사드립니다. 이보다 더 좋은 목자들로 팀을 꾸릴 수는 없을 겁니다. 여러분과 함께 양 떼를 목양하는 것은 특권입니다. 제가 글을 쓸 수 있도록 여러분이 저를 격려해 주었을 뿐만 아니라 힘도 주었습니다.

앰버 보언(Amber Bowen), 에이미 타이슨(Amy Tyson), 크리스티 브리튼(Christy Britton)에게 감사합니다. 여러분의 사려 깊은 피드백과 통찰력 있는 편집이 이 책을 명료하게 해 주었습니다. 여러분은 저와 제 가족에게 복입니다.

굿북컴퍼니의 훌륭한 편집자들께도 아주 특별한 감사의 마음을 전합니다. 여러분의 꼼꼼한 편집에 감사합니다. 여러분은 함께 동역하기에 훌륭한 팀입니다. 제가 무척 아끼는 이 주제에 관하여 글을 쓸 기회를 주셔서 영광입니다.

제 아내이자 동역자, 그리고 소중한 동반자인 킴벌리(Kimberly)에게 감사합니다. 우리의 결혼과 동역은 하나님의 은혜의 증거랍니다. 신실한 사역이 계속해서 이어지는 동안 하나님께서 우리를 더 강건하게 해 주시길 기도합니다.

무엇보다도, "여호와께 감사하라 그는 선하시며 그 인자하심이 영원함이로다"(시 107:1). 주님은 저에게 주님의 교회를 향한 깊은 사랑과 주님의 영광을 위해 교회를 섬길 수 있는 은혜를 주셨습니다. 주님께 모든 감사와 찬양과 영광을 돌립니다.

주

서문

1) Francis Schaeffer, *The Church at the End of the Twentieth Century*, p. 107 ; 프란시스 쉐퍼, 『20세기 말의 교회』, 생명의말씀사.

1장

1) D. Martyn Lloyd-Jones, *Spiritual Depression*, p. 5 ; 마틴 로이드 존스, 『영적 침체』, 복있는사람.
2) Gregg Allison, *Sojourners and Strangers*, p. 61, 62.
3) 영광스러운 교회에 관한 놀라운 성경 구절은 히브리서 12장 18-24절에도 있다. 거기서 저자는 신자들이 무수히 많은 하늘의 무리와 함께 찬양한다고 말한다. 또한 이 세상에 사는 신자들이 어떻게 하늘의 신자들과 함께 하늘의 시민권을 공유하며 하나 되는지에 대해서도 말한다.
4) Philip Ryken, *Galatians*, p. 243 ; 필립 그레이엄 라이큰, 『갈라디아서』, 부흥과개혁사.
5) Dietrich Bonhoeffer, *Life Together*, p. 26 ; 디트리히 본회퍼, 『성도의 공동생활』, 복있는사람.
6) 위의 책, p. 18, 19.

2장

1) 참고. Douglas J. Moo, *The Letter of James*, p. 201 ; 더글러스 무, 『야고보서』, 부흥과개혁사.
2) Michael F. Bird, *Romans*, p. 135.
3) 트위터 @ImmanuelNash, 2021년 2월 8일 접속.
4) 트위터 @RebeccaMcLaugh, 2019년 5월 5일.

3장

1) F. F. Bruce, *The Book of Acts*, p. 384 ; F. F. 브루스, 『사도행전』, 부흥과개혁사.
2) 참고. John R. W. Stott, *The Message of Acts*, p. 321 ; 존 스토트, 『사도행전: 땅 끝까지 이르러』, IVP.
3) 위의 책, p. 321.
4) John Paton, ed. *The Story of John G. Paton*, Ch.LXXIII.
5) 더 많이 알고 싶다면 대니얼 아킨(Daniel Akin)이 편집한 마크 데버(Mark Dever)의 *A Theology of the Church*, p. 838을 참고하라.
6) desiringgod.org/articles/make-sundays-the-sweetest (2020년 7월 2일 접속).

4장

1) Timothy Keller, *Galatians For You*, p. 167 ; 팀 켈러, 『당신을 위한 갈라디아서』, 두란노.
2) 마크 데버는 다음과 같이 말했다. "프로테스탄트는 전형적으로 이 두 가지 표지(복음의 선포와 성례의 적절한 집행)가 참된 교회를 거짓 교회로부터 구별한다고 보았다." 그는 토머스 크랜머(Thomas Cranmer)와 존 칼빈(John Calvin)을 대표적인 예로 인용한 후에, 이렇게 덧붙인다. "세 번째 표지가 두 번째 표지(성례는 적절히 집행되어야 한다.)에서 추론된다는 사실이 널리 인정되고 있지만, 교회의 세 번째 표지인 올바른 치리는 그때 이래로 종종 추가로 언급되어 왔다." 그리고 (세 가지 표지를 참된 교회의 세 가지 표지로 삼는) 1561년의 벨직 신앙고백서 제29조를 인용한 후에, 그는 에드먼드 클라우니(Edmund P. Clowney)의 글을 인용하여 요약한다. 클라우니는 참된 교회는 "말씀의 진실한 선포, 성례의 적절한 준수, 신실한 교회 치리의 실행"을 포함한다고 말한다(Mark Dever, *Nine Marks of a Healthy Church*, p. 8-9 ; 마크 데버, 『건강한 교회의 9가지 특징』, 부흥과개혁사).
3) Timothy Keller, *Galatians For You*, p. 174 ; 팀 켈러, 『당신을 위한 갈라디아서』, 두란노.

4) 참고. John R. W. Stott, *The Message of Galatians*, p. 170 ; 존 스토트, 『갈라디아서: 의와 자유에 이르는 오직 한 길』, IVP.

5) Dietrich Bonhoeffer, *Life Together*, p. 77, 78 ; 디트리히 본회퍼, 『성도의 공동생활』, 복있는사람.

5장

1) Timothy Keller, *Romans 8-16 For You*, p. 109 ; 티머시 켈러, 『당신을 위한 로마서 2』, 두란노서원.

2) 참고. Michael F. Bird, *Romans*, p. 424.

3) (고린도전서 12장에서 가져온) 또 하나의 범주는, 만약 우리가 방언, 통역, 기적과 같은 은사를 긍정한다면, '표적의 은사'라고 할 수 있겠다. 여기서 나는 내 목적에 맞게 섬김을 위한 동기에 집중하기를 원한다. 그래서 로마서 12장만 다루도록 하겠다. 영적인 은사에 관한 바울의 가르침을 연구한 뛰어난 연구서로는 다음을 참고하라. D. A. Carson, *Showing the Spirit* 그리고 Gordon Fee, *The First Epistle to the Corinthians* in The New International Commentary on the New Testament series (Revised edition) ; 고든 피, 『고린도전서』, 부흥과개혁사를 참고하라.

4) 참고. Timothy Keller, *Romans 8-16 For You*, p. 113-114 ; 티머시 켈러, 『당신을 위한 로마서 2』, 두란노서원.

5) 위의 책, p. 107.

6) 나는 John Piper의 *Desiring God*, Multnomah, p. 94 (존 파이퍼, 『하나님을 기뻐하라』, 생명의말씀사)에서 이 예화를 가져와 각색했다.

6장

1) Tim Chester, *Stott on the Christian Life*, p. 228.
2) 베드로는 타락한 목회자들의 회복 가능성을 믿은 게 확실하다. 그는 예수님의 공생애 사역과 고난을 목격한 자였지만, 십자가형을 당하시는 예수님을 부인 했다. 하지만, 그는 그리스도의 회복시키시는 은혜를 경험했고, 그 결과, 나타 날 영광에 참여하는 자가 되리라는 온전한 확신을 얻었다(벧전 5:1)! 그것은 우리 모두에게 좋은 소식이다. 이 책이 지도자를 지혜롭게 잘 회복시키는 것에 관하 여 논하는 책은 아니지만, 우리는 이 구절을 그런 논의에 포함시켜야 한다.
3) 참고. Tim Witmer, *The Shepherd Leader*, p. 189 ; 티모시 Z. 위트먼, 『목자 리더 십』, 개혁주의신학사.
4) Thabiti Anyabwile, *What Is a Healthy Church Member?*, p.97-103, ; 타비티 얀 야빌리, 『건강한 교회 교인의 10가지 특징』, 부흥과개혁사.

7장

1) David E. Garland, *Colossians and Philemon*, p. 274, 287.
2) Timothy J. Keller and J. Allen Thompson, *Church Planting Manual*, p. 125.
3) Rodney Stark, *Cities of God*, p. 13, 14.
4) Philip Ryken, *1 Kings*, p. 513.

8장

1) 더 자세히 알고 싶다면 나의 책 *Exalting Jesus in Acts*, p. 156을 참고하라.
2) John R. W. Stott, *The Message of Acts*, p. 203 ; 존 스토트, 『사도행전: 땅끝까지 이르러』, IVP.
3) Timothy Keller, *Evangelism*, p. 98.
4) Timothy J. Keller and J. Allen Thompson, *Church Planting Manual*, p. 29.

참고·도서

Gregg R. Allison, *Sojourners and Strangers* (Crossway, 2012).

Thabiti Anyabwile, *What Is a Healthy Church Member?* (Crossway, 2008) ; 타비티 얀야빌리, 『건강한 교회 교인의 10가지 특징』, 부흥과개혁사.

Michael F. Bird, *Romans* in The Story of God Bible Commentary series (Zondervan, 2016).

Dietrich Bonhoeffer, *Life Together* (Harper One, 1954) ; 디트리히 본회퍼, 『성도의 공동생활』, 복있는사람.

F. F. Bruce, *The Book of Acts* in The New International Commentary on the New Testament series (Eerdmans, 1988) ; F. F. 브루스, 『사도행전』, 부흥과개혁사.

Tim Chester, *Stott on the Christian Life* (Crossway, 2020).

Mark Dever, "The Church" in *A Theology of the Church*, ed. Daniel L. Akin (B&H, 2007).

Mark Dever, *Nine Marks of a Healthy Church* (Crossway, 2000) ; 마크 데버, 『건강한 교회의 9가지 특징』, 부흥과개혁사.

Gordon Fee, *The First Epistle to the Corinthians* in The New International Commentary on the New Testament series (revised edition: Eerdmans, 2014) ; 고든 피, 『고린도전서』, 부흥과개혁사.

David Garland, *Colossians and Philemon* in the NIV Application Commentary series (Zondervan, 1998).

Timothy J. Keller and J. Allen Thompson, *Church Planting Mannual* (Redeemer Church Planting Center, 2002).

Timothy Keller, *Galatians for You* (The Good Book Company, 2013) ; 팀 켈러, 『당신을 위한 갈라디아서』, 두란노.

Timothy Keller, *Romans 8-16 For You* (The Good Book Company, 2016) ; 티머시 켈러, 『당신을 위한 로마서 2』, 두란노서원.

Timothy Keller, *Evangelism: Studies in the Book of Acts* (Redeemer Presbyterian Church, 1996).

D. Martyn Lloyd-Jones, *Spiritual Depression* (Eerdmans, 1965) ; 마틴 로이드 존스, 『영적 침체』, 복있는사람.

Tony Merida, *Exalting Jesus in Acts* (B&H, 2017).

Douglas J. Moo, *The Letter of James* in The Pillar New Testament Commentary series (Eerdmans, 2000) ; 더글러스 무, 『야고보서』, 부흥과개혁사.

James Paton, ed., *The Story of John G. Paton* (Hodder and Stoughton, 1984).

Philip Ryken, *1 Kings* in the Reformed Expository Commentary series (P&R, 2011).

Philip Ryken, *Galatians* in the Reformed Expository Commentary series (P&R, 2005) ; 필립 그레이엄 라이큰, 『갈라디아서』, 부흥과개혁사.

Francis Schaeffer, *The Church at the End of the Twentieth Century* (Downers Grove, 1970) ; 프란시스 쉐퍼, 『20세기 말의 교회』, 생명의말씀사.

Rodney Stark, *Cities of God* (Harper One, 2006).

John R. W. Stott, *The Message of Acts* in the Bible Speaks Today series (InterVarsity Press USA, 1990) ; 존 스토트, 『사도행전: 땅끝까지 이르러』, IVP.

John R. W. Stott, *The Message of Galatians* in the Bible Speaks Today series (InterVarsity Press USA, 1968) ; 존 스토트, 『갈라디아서: 의와 자유에 이르는 오직 한 길』, IVP.

Tim Witmer, *The Shepherd Leader* (P&R, 2010) ; 티모시 Z. 위트머, 『목자 리더십』, 개혁주의신학사.

사명선언문

너희가 흠이 없고 순전하여……세상에서 그들 가운데 빛들로
나타내며 생명의 말씀을 밝혀 _ 빌 2:15-16

1. 생명을 담겠습니다
만드는 책에 주님 주신 생명을 담겠습니다.
그 책으로 복음을 선포하겠습니다.

2. 말씀을 밝히겠습니다
생명의 근본은 말씀입니다.
말씀을 밝혀 성도와 교회의 성장을 돕겠습니다.

3. 빛이 되겠습니다
시대와 영혼의 어두움을 밝혀 주님 앞으로 이끄는
빛이 되는 책을 만들겠습니다.

4. 순전히 행하겠습니다
책을 만들고 전하는 일과 경영하는 일에 부끄러움이 없는
정직함으로 행하겠습니다.

5. 끝까지 전파하겠습니다
모든 사람에게, 땅 끝까지, 주님 오시는 그날까지
복음을 전하는 사명을 다하겠습니다.

서점 안내

광화문점 서울시 종로구 새문안로 69 구세군회관 1층
02)737-2288 / 02)737-4623(F)

강남점 서울시 서초구 신반포로 177 반포쇼핑타운 3동 2층
02)595-1211 / 02)595-3549(F)

구로점 서울시 동작구 시흥대로 602, 3층 302호
02)858-8744 / 02)838-0653(F)

노원점 서울시 노원구 동일로 1366 삼봉빌딩 지하 1층
02)938-7979 / 02)3391-6169(F)

일산점 경기도 고양시 일산서구 중앙로 1391 레이크타운 지하 1층
031)916-8787 / 031)916-8788(F)

의정부점 경기도 의정부시 청사로47번길 12 성산타워 3층
031)845-0600 / 031)852-6930(F)

인터넷서점 www.lifebook.co.kr